GESTOS DE EQUILÍBRIO

TARTHANG TULKU

GESTOS DE EQUILÍBRIO

Guia para a Percepção, a Autocura e a Meditação

Tradução
de
OCTAVIO MENDES CAJADO

Editora
Pensamento
SÃO PAULO

Título original: *Gesture of Balance – A Guide to Awareness, Self-healing, and Medicine.*

Copyright © 1977 Dharma Publishing.

Copyright da edição brasileira © 1984 Editora Pensamento-Cultrix Ltda.

1ª edição 1984.
22ª reimpressão 2019.

Todos os direitos reservados. Nenhuma parte deste livro pode ser reproduzida ou usada de qualquer forma ou por qualquer meio, eletrônico ou mecânico, inclusive fotocópias, gravações ou sistema de armazenamento em banco de dados, sem permissão por escrito, exceto nos casos de trechos curtos citados em resenhas críticas ou artigos de revistas.

Ilustrações:

Pág. 145: Dorje Legpa, protetor do Buddhadharma
Pág. 146: Stupa, símbolo da atenção plena

Direitos de tradução para a língua portuguesa
adquiridos com exclusividade pela
EDITORA PENSAMENTO-CULTRIX LTDA.
Rua Dr. Mário Vicente, 368 – 04270-000 – São Paulo, SP – Fone: (11) 2066-9000
E-mail: atendimento@editorapensamento.com.br
http://www.editorapensamento.com.br
que se reserva a propriedade literária desta tradução.
Foi feito o depósito legal.

ÍNDICE

Prólogo	7
Prefácio	11
PRIMEIRA PARTE: ABERTURA	15
Impermanência e Frustração	17
Começando com Honestidade	27
Assumindo Responsabilidade	34
Abrindo o Coração	38
Despertando Compaixão	42
SEGUNDA PARTE: RELAXAMENTO	49
Expandindo Sentimentos	51
Corpo, Respiração e Mente	56
Curando Através da Energia Positiva	61
TERCEIRA PARTE: MEDITAÇÃO	67
Desdobrando a Meditação	69
Observando Pensamentos	73
Transformando Ansiedade	76
Alcançando Confiança Interior	80
Descobrindo a Mente	86
O Estado Natural da Mente	90
Tornando-se a Experiência da Meditação	94
QUARTA PARTE: ATENÇÃO	107
Visualização e Ver	109
Atenção Plena	118
Desenvolvendo Equilíbrio	124
QUINTA PARTE: TRANSMISSÃO	131
O Relacionamento Mestre-Aluno	133
Confiando no Mestre Interior	139

PRÓLOGO

Os ensaios de que se compõe este livro são inusitados no sentido de apresentarem idéias e perspectivas budistas sem expor teorias acerca do Budismo. O próprio fato de nós, no mundo ocidental, falarmos do Budismo como se se tratasse de um sistema rígido, com o qual se pode (e talvez se deva) lidar em termos abstratos, mostra como é pequena, mesmo nos tempos atuais, uma compreensão verdadeira de um conjunto de valores diferente. Tais valores são inerentes à vida da pessoa e não apenas arbitrariamente atribuídos a ela.

Os ensaios que se seguem dirigem-se à pessoa viva, e não a uma abstração nem a uma imagem nebulosa, e eles o fazem em termos que uma pessoa viva possa compreender intelectualmente, assim como sentir profundamente no seu coração. Por isso estes ensaios são inusitados – não são simples suportes ou cabides em que penduramos nossas idéias preconcebidas, mas estimulantes para reconsiderar e reavaliar a situação em que nós nos encontramos; e, através desse redespertar para o que está à mão, somos estimulados a enveredar pelo caminho que nos conduz ao crescimento e à maturação.

Embora cada ensaio seja independente, todos revelam, em sua totalidade, uma constante progressão. O ponto de partida é a honestidade – honestidade em relação a nós mesmos como sendo parte de uma corrente vital mais ampla, partilhando das suas vicissitudes, e não como meros espectadores separados. Como participantes de uma corrente vital, que se amplia de contínuo, não seremos capazes de crescer enquanto lutarmos contra ela, enquanto edificarmos tensões e bloqueios, mas só quando aprendermos a relaxar, de modo que a corrente flua calmamente em nós. O relaxamento passa a ser, desta forma, o pré-requisito indispensável à meditação, que é um "sintonizar-se" na corrente vital e não uma construção de novas fixações, ainda que apregoadas como uma panacéia. A meditação nesse sentido de "sintonizar-se" conduz a uma percepção superior em que se transcendem os limites artificiais de um sujeito e de um objeto numa percepção unitária que cura as feridas ulcerosas de nossa divisão contra nós mesmos. Finalmente, como participantes, estamos ligados aos que vieram antes de nós e aos que virão depois. Recebemos significados e valores de nossos antepassados, examinamos com cuidado e reinterpretamos essa herança e transmitimos os padrões emergentes aos nossos descendentes. Se o que transmitimos continuará ou não a viver depende da nossa honestidade, o ponto do qual partimos.

Se estes ensaios são inusitados em virtude da sua forma direta, também o seu autor é revelado numa nova luz. Assim como tendemos a criar uma abstração do que é, na realidade, uma mensagem concreta e uma aplicação prática, assim também tendemos a criar a imagem de um homem e, acreditando na validade da imagem, tendemos a esquecer a pessoa real. O homem nunca pode ser definido em termos rígidos. Parece-se mais com um cristal brilhando em muitas cores. O título *rin-po-che* significa "precioso", e a preciosidade de um cristal reside em suas inúmeras facetas. Nestes ensaios descobrimos uma faceta muito importante de Tarthang Tulku Rinpoche — sua generosidade como pessoa humana. Talvez seja esta faceta ou aspecto dele que deve ser reiteradamente enfatizada porque nos olvidamos com demasiada freqüência da nossa humanidade e da humanidade dos outros e nos perdemos em meras abstrações e imagens fantasiosas. É essa humanidade que torna os ensaios ainda mais significativos e coloca o seu autor firmemente na tradição corrente e na transmissão sempre novas dos mestres e do pensamento de Nyingma.

HERBERT V. GUENTHER

Diretor do Departamento de Estudos do Extremo-Oriente da Universidade de Saskatchewan

PREFÁCIO

Este volume oferece algumas discussões introdutórias das práticas básicas de meditação e percepção em sua relação com a vida atual na América. Nos últimos sete anos, eu tenho feito muitas palestras dessa natureza para os meus alunos, e foi sugerido recentemente que eu compartilhasse essas idéias com uma audiência mais ampla. Alguns temas destes capítulos se superpõem até certo ponto, mas essa repetição pretende prover um fundamento para o desenvolvimento de uma compreensão cada vez mais profunda.

Apesar de as idéias e práticas aqui apresentadas serem especificamente orientadas para a experiência de pessoas ocidentais, elas estão fundamentadas, e refletem as muitas e diferentes etapas da tradição budista, preservada pela linhagem de Nyingma.

O tema primordial e básico enfatizado pelo Budismo refere-se à confrontação direta da vida — ao sincero inventário da nossa experiência, sem estarmos limitados por fantasias mesquinhas ou sentimentais. Cada pessoa deve reconhecer os problemas e valores essenciais da vida humana, de modo que se possa tomar a direção certa. Uma pessoa na fase Hinayana reconhece que a impermanência e a frustração são características centrais da vida humana que se deve enfrentar e lidar com honestidade. Entende-se que cada pessoa se responsabilize pela superação das frustrações da vida e pelo cultivo daquelas qualidades que são mais centrais para a realização como um ser humano. Exige-se o esforço individual, muito mais que o apelo passivo à salvação pelas mãos de outrem.

Essa atitude madura e realística é complementada pela focalização

Mahayana da compaixão para com os outros e de uma profunda compreensão da natureza dos fenômenos. A concepção Mahayana revela-nos que toda experiência, por mais constritiva ou frustrante que seja, ainda está aberta de um modo essencial e, portanto, não temos necessidade de tentar fugir individualmente dela. A compaixão para com os outros brota naturalmente dessa concepção. Visto que a nossa própria posição já não é mais vista como tão limitada, insegura ou frustrante. Preocupamo-nos mais com as dificuldades dos outros, e vemo-nos em condições de tentar ajudá-los. Uma vez que esse tipo de compaixão se baseia mais na compreensão do que em projeções sentimentais, ela é, em geral, apropriada e útil.

Historicamente, o Budismo desenvolveu várias escolas e ensinamentos a fim de satisfazer às necessidades e capacidades de diferentes tipos de pessoas. Essas escolas aperfeiçoaram muitas técnicas de meditação para auxiliar a esclarecer e a lidar com os problemas da vida, e para ajudar-nos a entrar em contato com aspectos profundos e valiosos de nossos corpos e mentes. As práticas da meditação budista estão sempre relacionadas com contribuições práticas e com as energias e qualidades essenciais da experiência humana. E fazem-se necessárias uma forte fundamentação e uma orientação equilibrada a fim de progredir, das práticas básicas preliminares, para experiências meditativas mais profundas.

Para os que levaram a efeito integralmente a orientação das doutrinas Hinayana e Mahayana, o Budismo oferece tradicionalmente o Vajrayana como a continuação e o "caminho" final. O Vajrayana não é uma doutrina nem um enfoque limitados, senão um caminho de crescimento infinito. Transcende completamente todas as meditações dualísticas e todas as conceitualizações. No Vajrayana, a vida não é vista como um problema a ser resolvido, mas como uma experiência que traz infinitas riquezas e energia criativa. Nele nada se rejeita nem se reprime, visto que o praticante do Vajrayana desenvolve habilidade e sensibilidade suficientes para relacionar-se com o aspecto benéfico de toda existência.

A natureza profunda e sensível dos ensinamentos budistas foi levada da Índia para o Tibete no século VIII por Shantirakshita e por Padmasambhava, o maior mestre de Vàjrayana do período. Ambos os mestres estão intimamente associados ao Nyingma, ou "Os Antigos", a primeira das quatro principais linhagens do Budismo tibetano.

Os ensinamentos do Hinayana, do Mahayana e do Vajrayana, todos contidos no Nyingma, são apresentados em formas ao mesmo tempo flexíveis e fiéis às intenções e experiências mais profundas de cada caminho. As traduções e comentários do Nyingma, baseados nos textos indianos, foram feitos com suma atenção ao significado vivo de cada termo e de cada idéia, de modo que, ao serem transportados para um novo idioma, como o inglês, esses ensinamentos logo se relacionam com a vida e os conceitos modernos.

No Tibete, os seguidores do Nyingma interagiam com muitos tipos diferentes de pessoas — não se concentravam numa orientação exclusivamente monástica — e os mestres do Nyingma sempre incluíram pessoas de diversos níveis de realização e estilos de vida diferentes. Quando apresentei tais idéias na América, procurei reter esse caráter adaptável e de mentalidade aberta e, portanto, espero que o presente volume ofereça alguma coisa de valor a pessoas de diferentes posições e interesses. Meu empenho principal é o de que as discussões ajudem as pessoas a estabelecer um caminho de crescimento que seja adequado para elas, de modo que possam cuidar de si mesmas no meio de um mundo perturbado. Minhas palestras carecem de um estilo muito intelectual ou muito elegante mas, como disse certa vez um dos meus mestres: "Que importância tem a linguagem elevada, se a linguagem singela transmite as mesmas idéias?"

Estou extremamente agradecido a todos os meus amigos da América que me ajudaram em meu trabalho e, sobretudo, aos meus alunos, pelos seus muitos esforços em meu benefício. Eu desejaria agradecer particularmente a Judy Robertson e a Debby Black pelo auxílio na editoração destas palestras, a Rosalyn White por ilustrá-las e a todo o pessoal da Dharma Press por publicá-las.

Dedico quaisquer lucros advindos desta obra ao povo da América e sinto-me profundamente grato por ter a oportunidade de preservar e compartilhar com ele a tradição Nyingma.

TARTHANG TULKU

Lama-Chefe do Centro Tibetano de Meditação Nyingma e do Instituto de Nyingma

Primeira Parte

ABERTURA

IMPERMANÊNCIA E FRUSTRAÇÃO

*As pessoas estão dispostas a ir para a guerra
e até a abrir mão de suas vidas por uma causa,
mas elas não podem abrir mão
das causas do seu sofrimento.*

A impermanência é a essência da nossa condição humana. Ela controla muito mais do que simplesmente as nossas vidas; influencia todo o cosmos — todas as estrelas e planetas, bem como o nosso meio terrestre. Podemos ver os efeitos da impermanência observando a ascensão e a queda das nações, da nossa sociedade e até do mercado de ações. A impermanência impregna toda a existência. Podemos observar as mudanças em nossa vida e na vida de nossos amigos e famílias, mas a mudança mais devastadora da vida humana — a morte — está sempre nos pegando de surpresa.

Nesta sociedade, quase toda a gente tem medo da morte — mas, para apreciar plenamente a vida, precisamos enfrentar a realidade. A impermanência e a morte são partes integrantes do estar vivo; essa realização pode vibrar dentro de nós e despertar-nos... vemos que, embora as nossas vidas nos sejam muito caras, não duram para sempre. Nascer como ser humano é privilégio muito raro, e é importante que apreciemos nossas vidas e tiremos proveito dessa oportunidade.

Com a compreensão da impermanência, muitos aspectos da vida que comumente achamos fascinantes já nos parecem menos atraentes. Tornamo-nos capazes de ver *através* deles e descobrirmos que, na realidade, não são tão satisfatórios. Podemos, então, mais facilmente largar nossos apegos e medos, assim como a nossa pequena casca de proteção. Pensar na impermanência da vida nos desperta; damo-nos conta de que nesse exato momento estamos de fato vivos!

Ainda assim há luta, pois nos vemos desejando coisas que sabemos capazes de causar-nos dor ou frustração. Nossos padrões de hábitos são muito difíceis de quebrar e, quando o tentamos, sempre parecem surgir obstáculos — nossos desejos e apegos nos induzem a repetir os mesmos modelos destrutivos. Nossas necessidades emocionais não somente nos habituaram às coisas materiais, mas também, muito sutilmente, à nossa auto-identidade. Não desejamos perder nosso sentido de controle sobre nós mesmos, sobre o nosso meio, ou até sobre outras pessoas. Mas enquanto não nos soltarmos de nossos apegos à personalidade e à auto-imagem, será difícil até ver esses padrões de vida, quanto mais mudá-los.

Porque existem certas atitudes e preferências de que não gostamos de largar, envolvemo-nos sempre em situações difíceis e experimentamos conflitos interiores. Às vezes renunciamos a coisas importantes — nosso dinheiro, nosso lar, nossas propriedades — sem muita dificuldade. Mas os apegos emocionais — tais como o elogio e a censura, o ganho e a perda, o prazer e a dor, as palavras bondosas e as ásperas — são muito sutis. Estão além do nível físico; existem na personalidade ou na auto-imagem, e não estamos dispostos a deixá-los partir. Temos também certas atitudes e preconceitos, geralmente escondidos, de que não gostamos nem sequer de tomar conhecimento. Nossos apegos exercem uma influência magnética, que nos retém num lugar como se estivéssemos na prisão. É difícil dizer se essa força controladora provém de nossos atos passados, do nosso medo da morte ou de alguma origem desconhecida; o fato é que não podemos nos mover — e, assim, toda a sorte de frustrações e conflitos nos ataca, criando mais frustração e mais sofrimento.

As pessoas estão dispostas a ir para a guerra e até a renunciar à vida por uma causa, mas não podem renunciar às causas do seu sofrimento. É um mistério o modo com que certas fixações psicológicas nos dominam com tanta força que não podemos abnegar delas — até quando compreendemos intelectualmente o sofrimento que elas trazem consigo? Perguntamos a nós mesmos, por que acontece isso? Por que precisamos aferrar-nos com tamanha firmeza a esses padrões e hábitos... a essas atitudes... a essa determinada auto-imagem?

Podemos observar cuidadosamente nossos padrões de vida, e até podemos vir a aceitar a maneira como os mais sutis agarramentos e negatividades nos causam sofrimento. À proporção que crescem nossa compreensão e nossa percepção, vemos a importância de trabalhar através das nossas emoções, apegos e negatividades, e vemos também que a solução final vem de dentro. Nesse momento, em que de fato despertamos para a nossa penosa condição, começamos a mudar nossas atitudes mais íntimas e pode operar-se algum progresso verdadeiro. Conquanto freqüentemente seja difícil reconhecer o que é saudável ou íntegro, porque o nosso ambiente e a nossa experiência diária são tão artificiais, quando finalmente decidimos agir de maneira saudável e equilibrada, nossas vidas caem naturalmente nesse novo padrão. Não precisamos sequer deixar nossos lares e famílias para efetuar tais mudanças — pois as mudanças estão dentro de nós.

O que comumente nos ensinam é que ser "espiritual" significa rejeitar o mundo. Mas até uma pessoa espiritual pode viver com conforto, gostar do trabalho, cuidar da família e ser bem-sucedido na sociedade e no mundo. Ensinam-nos também que não devemos ser egoístas. Na realidade, porém, podemos ser "egoístas" cuidando de nós mesmos — não de um modo egotista, ganancioso ou melancólico, mas de um modo profundamente cuidadoso — tornando os nossos corpos e as nossas mentes tão harmônicos quanto possível. Quando observamos com cuidado nossos sentidos e sentimentos, aprendemos a aceitar-nos, a apreciar-nos e a estar abertos para os outros. Através da integração e do equilíbrio das nossas mentes e dos nossos corpos é possível atingir a paz interior e a alegria, que é o amor.

Em regra geral, contudo, continuamos a seguir os mesmos padrões negativos, raramente encontrando satisfação, porque não satisfazemos verdadeiramente nenhum momento determinado. Sentimo-nos freqüentemente inconfortáveis no presente e aflitos porque o que quer que esteja acontecendo é um tanto ou quanto inesperado. Achamos difícil relacionarnos aberta ou diretamente com as situações. O problema é que, focalizando o passado ou o futuro, nunca lidamos plenamente com o presente e, assim sendo, ele nunca nos dá uma satisfação verdadeira. Estamos sempre esperando que, no futuro, haja alguma coisa maior, mais alta, mais profunda ou mais satisfatória. Por isso é possível que nunca estejamos particularmente felizes ou satisfeitos, porque toda a nossa vida consiste em preparativos sem fim: para a vida familiar, para casos de amor ou para vários entretenimentos.

O nosso tempo divide-se, em geral, entre trabalho e prazer. Na verdade, trabalhamos, em parte, com a intenção de preparar-nos para o prazer — estamos sempre antegozando entretenimentos, feriados ou férias. Mas encontramos, acaso, algum prazer verdadeiro nesses passatempos? Valem eles realmente a pena? Não nos será possível aprender a olhar para dentro e a apreciar-nos, em lugar de continuar a olhar para fora de nós mesmos à cata de realização? Quando encontramos dentro de nós inspiração, abertura e equilíbrio, nossa vida se torna genuinamente feliz e digna de ser vivida — e podemos então encontrar felicidade até no nosso trabalho. Em vez de gastar nossa energia e potencial humano em pensamentos e atos inúteis, começamos a agir de maneira construtiva, pois a base do caminho espiritual é o desenvolvimento, em nós mesmos, do que é verdadeiramente equilibrado, natural e significativo.

Podemos começar aceitando cada momento e desfrutá-lo, mas a maioria de nós não sabe como fazê-lo. O desfrutar a vida pode ser extremamente importante para nós; muito freqüentemente, porém, quando vivenciamos o prazer, nossas mentes projetam a satisfação no futuro, de modo que nossas vidas se enchem de sonhos vazios que nunca se materializam. Com efeito, é difícil realizar alguma coisa no presente quando nossas mentes estão sempre orientadas para alguma meta futura.

Isso não quer dizer que devamos deixar de fazer planos inteligentes para o futuro; só quer dizer que devemos viver mais plenamente no presente. Quando tentamos desenvolver-nos no presente, crescemos na direção das nossas metas futuras até alcançá-las. O presente nos conduz naturalmente ao futuro, e o futuro se modifica segundo o modo com que vivemos no presente. Quando temos confiança em tudo o que fazemos, e todas as nossas ações são significativas, não só a nossa vida diária como também a nossa vida futura serão equilibradas e harmoniosas.

Quando nos abrimos para a nossa experiência presente, compreendemos que, *exatamente agora,* podemos desfrutar as nossas vidas... neste exato momento temos a oportunidade de fazê-lo! Não precisamos preocupar-nos em demasia com o futuro — o presente nos conduzirá a ele, não importa o que fizermos. Mas, na maior parte do tempo, porque a nossa consciência do momento presente é turva ou vaga, temos a impressão de que alguma coisa está ocorrendo nas sombras, por trás da nossa consciência, e nós simplesmente vagamos e a seguimos. Entretanto, perdem-se tempo e energia e podemos estar inconscientes do que aconteceu ontem, esta manhã ou mesmo esta tarde; estamos desatentos de muita coisa que está acontecendo em nossas vidas. E quando pensamos nisso, podemos descobrir que, basicamente, não sabemos como nos tornamos quem somos hoje. Quando éramos crianças, tínhamos uma certa aparência e falávamos de certo modo; como foi que mudamos? É difícil traçar a transição. Seguimos algumas experiências por que passamos, mas é surpreendente a quantidade de coisas de que não nos lembramos — ou das quais nos lembramos incorretamente — pois o mesmo é tentar relembrar o sonho da noite passada. E assim vivemos as nossas vidas!

Em certas áreas de nossas vidas, em que somos motivados pelo egoísmo, como acontece talvez nos nossos negócios ou nas nossas profissões, podemos ser muito precisos, inteligentes e lúcidos. Mas em outras áreas de nossas vidas não temos metas, não temos nenhum propósito, nenhum alvo, e nossa percepção parece muito indistinta ou vaga. Quando, olhando para trás, vemos a criança que fomos, perguntamos a nós mesmos: era isso o que teríamos desejado para ela? Mal nos damos conta do que está acontecendo à nossa volta ou dentro de nós e, às vezes, somos pouco mais auto-suficientes do que uma criança de dois anos. Muitas vezes trabalhamos e agimos de certo jeito somente porque isso é o que é esperado de nós... imitamos os outros nos nossos empregos e em nossos relacionamentos; pois é muito difícil tomar nossas próprias decisões, sobretudo quando não temos uma perspectiva global das nossas vidas. Não convencidos de que *esta* é a realidade, ainda não despertamos para o presente e, nessas condições, não somos capazes de determinar o que é importante, ou *porque* é importante. Depois de algum tempo, podemos até parar de preocupar-nos e simplesmente largar tudo... mas não estamos, na verdade, "largando" coisa alguma; estamos apenas abandonando, por desespero.

Há duas espécies de "desistir" ou de "largar". Há o desistir de apegos, e há o desistir em razão de dificuldades e decepções. A pessoa que tem força e abertura interiores não "desiste" — mas larga as ambições e os apegos; por conseguinte, ganha liberdade e confiança. Porque não tem apego a uma certa maneira de ser, mas segue simplesmente a verdade dentro do seu coração, nenhum obstáculo ou decepção pode vencê-la. A pessoa que desiste por que não pode controlar sua vida nem guiar-se por si mesma não desiste *totalmente*; mantém certa determinação de continuar, mas não tem a força ou a coragem de seguir suas inclinações — limita-se a submeter-se ao que quer que esteja acontecendo. Como não é capaz de largar suas ambições e emoções negativas, não está claro para ela qual é o caminho certo e qual o caminho errado — e portanto ela sofre na indecisão. Embora necessariamente não sinta dor física, ela passa por um sofrimento psicológico — a dor de não ser capaz de apreender o que deseja. O desejo por sensação a domina, e ela está dividida dentro de si mesma.

O sofrimento não provém tão-só da dor física — ocorrerá se certas atitudes interiores forem desequilibradas ou estiverem fora de harmonia. Quando somos vítimas de um grande conflito ou de uma grande pressão, até a tomada de uma simples decisão pode ser muito difícil. Nossa percepção torna-se tão limitada que até experimentamos "lapsos", nas nossas memórias. Mesmo que tomemos uma decisão, sofreremos se não lograrmos tudo o que esperávamos realizar. E quando alcançarmos alguma coisa, sentir-nos-emos orgulhosos e apegados a ela, e depois sofreremos com o medo de perdê-la. Ou talvez nos tornemos muito tensos na tentativa de atingir determinada meta ou materializar alguma esperança ou expectativa. Sentimo-nos frustrados porque nunca obtemos o suficiente do que desejamos, seja aprovação ou amor, realização ou sucesso. Qualquer que seja o lado para que nos voltamos, há conflito e indecisão; somos colhidos entre um e outro e não sabemos que rumo tomar.

Estas incertezas criam perturbações contínuas dentro de nós, e nossas mentes passam a ser como relógios internos cujos ponteiros se movem continuamente em círculos, sem nunca parar para indicar o tempo. Finalmente, nos tornamos incapazes de tomar quaisquer decisões, ficamos completamente desorientados e não tendo pensamentos específicos ou direção; quedamo-nos simplesmente passivos e indiferentes, num ciclo de desespero. E podemos continuar dessa maneira, indefinidamente.

Porque os nossos poderes de auto-observação não costumam ser bem desenvolvidos, nós somos, não raro, cegos ao nossos sofrimentos. Precisamos ser capazes de olhar para dentro para descobrir as sutilezas da nossa presente experiência, e descobrimos que isso é difícil de fazer. Por conseguinte, talvez seja mais fácil aprender da experiência passada pois, se bem seja difícil aprender com o sofrimento no momento em que ele ocorre, quando voltamos a registrar nossos sentimentos do passado, podemos algumas vezes vê-los com maior clareza e desprendimento.

A maioria de nós vivenciamos um grande sofrimento em nossas vidas ao passarmos através de ciclos de depressão, monotonia e desassossego. Nós tentamos escapar desse sofrimento, mas ele volta sempre. Entretanto, quando nós temos a força e a coragem de olhar profundamente para dentro de nós mesmos, para a nossa dor, nós vemos um estranho paradoxo. Até quando nós desejamos abdicar do sofrimento, parece que não estamos prontos — permanecemos agarrados a ele.

Mas eventualmente, à medida que nos familiarizamos com a nossa dor, nós podemos decidir com firmeza que já não queremos sofrer mais. Nesse ponto, soltamos nossos sofrimentos e despertamos — ocorre uma mudança inte-

rior, e vemos claramente a insensatez das múltiplas autotorturas que nós criamos para nós mesmos. Essa mudança interior é o verdadeiro processo de aprendizagem.

Na maior parte do tempo, temos dificuldade para aceitar o que se nos parece como o interminável sofrimento no mundo, ainda que, num sentido, o sofrimento seja um dos melhores mestres. Através da observação sensível dos padrões da nossa dor e do nosso sofrimento, nós podemos aprender a compreender a nós mesmos, fisicamente, emocionalmente e mentalmente. As idéias têm, como freqüência, pequena conexão com nossas vidas, mas ter dor, e senti-la — isso é uma fonte de genuíno aprendizado.

A frustração e o sofrimento conduzem a uma profunda compreensão de nós mesmos e à compreensão de que não há jeito de escapar à dor senão passando através e além dela. Quando estamos confortáveis, muitas vezes não estamos nem mesmo interessados em continuar a olhar — mas, quanto mais frustração, dor e confusão nós sentimos, tanto mais urgentemente buscamos um meio de sair disso. O sofrimento propriamente dito não nos dá, afinal de contas, nenhuma resposta, mas pode puxar-nos interiormente para o despertar — para iniciar a meditação, para desenvolver nossas percepções.

O sofrimento, portanto, pode ser visto como uma experiência positiva, porque nos dá a oportunidade de transformar nossas emoções e de nos trazer para mais perto da libertação. Quando nós compreendemos isso, podemos acordar e encontrar a força interna e a energia que nos sustentarão cada dia pelo resto de nossas vidas.

Há um dito tibetano que diz que a pessoa que não se lembra da impermanência ou da inevitabilidade de sua morte é como uma rainha. Nos tempos antigos, no interior das cortes reais, a rainha tinha de manter uma imagem de importância e de autoconfiança, e cumpria-lhe estar sempre muito preocupada com a defesa da própria reputação e auto-imagem. Mas no seu coração ela trazia todos os tipos de desejos e medos — do prazer ou do desprazer do rei, do poder e da perda da sua posição, de modo que sua atitude era essencialmente de simulação, com a finalidade de proteger-se.

Da mesma forma, podemos dedicar as nossas vidas a um caminho espiritual num sentido externo, embora possamos ter ainda, ocultos, inúmeros desejos — de poder, de posição, de louvor. Não nos lembramos da impermanência nem da certeza da morte e, assim, não podemos nos proteger contra os nossos desejos. Mas quando compreendemos a impermanência de nossas vidas, podemos nos adaptar mais prontamente a todas as situações e não nos tornamos agarrados a elas, nem somos arrastados por elas.

Quando meditamos sobre a morte, podemos ver a morte como uma transição natural — não necessariamente um fim — mas uma continuação. Em termos de tempo, o momento da morte é o presente e a nossa experiência desta vida é o passado. A morte, ou a experiência atual, é um convite para o futuro, e não um fim, em nenhum sentido. Para aqueles que são peritos em meditação a morte é vista como uma oportunidade de realizar uma experiência muito bonita — ou até a libertação de todo sofrimento.

Mas quase todos nós encaramos a morte como uma perda e não como uma oportunidade — temos medo da perda dos nossos egos. Sentimos a mesma espécie de medo quando renunciamos aos nossos apegos e padrões de hábitos; podemos ficar assustados ou confusos porque não sabemos, com certeza, "quem somos nós" sem eles. Nesse momento, cada experiência pode ser realmente inédita e nova, mas talvez não estejamos preparados para viver sem as nossas habituais proteções do ego.

Quando mantemos em mente o fato da nossa morte, ele pode nos dar uma espécie de "carga" — qualquer coisa dentro de nós estala, inspirando-nos a fazer algo construtivo com as nossas vidas. Cada momento as torna muito importante. Damo-nos conta de que, por mais tempo que tenhamos ainda para viver, passaremos uma terça parte desse tempo dormindo — além de termos de fazer três refeições por dia, e gastar algum tempo falando, trabalhando, lidando com problemas emocionais — e ajustando-nos a todas as outras atividades que formam a nossa vida.

Ao planejar cuidadosamente o modo como passamos o tempo, podemos ver que nos sobra muito pouco tempo para utilizar energia positiva a fim de ajudar-nos a nós ou de ajudar os outros. Portanto, é importante fixar uma estrutura ou um padrão de vida para nós mesmos. A autodisciplina é essencial para quem quer aprender a levar uma vida construtiva, livre da turbulência das nossas emoções, negatividades e dor.

É também proveitoso pôr à prova, periodicamente, nossa concentração e percepção. Toda vez que somos apanhados num conflito físico ou mental, podemos focalizá-lo, aquecê-lo, chegar-lhe ao centro. O modo como reagimos em tais situações é uma boa indicação da força da nossa percepção. Podemos ser capazes de manter a nossa tranqüilidade na maioria das circunstâncias mas, às vezes, é muito difícil vivenciar e transcender situações perturbadoras. Sem essa capacidade, no entanto, continuaremos a vivenciar muita dor e muita frustração, não só nesta vida mas também no período que se segue à morte. Pois embora esta vida possa deparar-nos situações difíceis de lidar, o estado após a morte é um teste muito maior de nossa força e de nossa percepção.

Ainda que nos observemos com o máximo cuidado, nunca poderemos estar seguros do momento em que vamos morrer. Quando vamos dormir à noite não podemos ter a certeza de que acordaremos; quando respiramos, pode acontecer, às vezes, que a respiração não se repita. Até nossas tentativas de prazer — beber, fumar, ingerir drogas ou passear — podem ser a causa da nossa morte. E nem mesmo os alimentos saudáveis podem manternos vivos para sempre. Por isso é muito difícil predizer quanto tempo nos resta para viver.

Por conseguinte, é importante, começar desde já a equilibrar e a motivar as nossas vidas pois, quando envelhecemos, nossos sentidos se enfraquecem... nossos olhos já não focalizam bem e nosso gosto é menos aguçado. Os amigos, não raro, já não retribuem nossas manifestações de amizade e, por causa da nossa idade, a sociedade pode não nos dar muita atenção. Assim sendo, é possível que já não nos sintamos parte da comunidade. É muito raro vermos um moço e um velho juntos por muito tempo — eles têm, de ordinário, interesses e energias muito diferentes; e, visto que há tão pouca comunicação, os velhos, entre nós, freqüentemente se tornam muito isolados e muito sós. Mas todos nós, um dia, seremos velhos... não podemos escapar a isso. O tempo passa depressa e podemos lamentar profundamente o haver perdido as oportunidades que ora se nos oferecem de tornar nossas vidas significativas. Ouvimos, muitas vezes, pessoas mais idosas dizerem: "Eu quisera ter ouvido isso vinte anos atrás", ou "Desperdicei todos estes anos e agora é tarde demais". Está claro que nunca é tarde demais — mas não sabemos quanto tempo nos resta ainda. Por isso mesmo, por que não começar agora?

Essas idéias podem parecer muito simples, mas elas fazem parte de uma longa tradição histórica que tornou a vida significativa para muita gente durante muitas gerações. De tempos a tempos, poderemos lembrarnos de agradecer por estarmos vivos e por termos a oportunidade de crescer interiormente. Quanto à frustração e à impermanência — podemos sentir-nos gratos por estarem aí para despertar-nos. Nas nossas vidas existem dificuldades que temos que enfrentar mas, quando somos fortes e confiantes, realizamos o nosso próprio potencial. A pouco e pouco, podemos estabelecer contato com a nossa própria percepção interior e adquirir coragem e confiança em nossas realizações.

Quanto mais refletimos sobre a penetrabilidade de impermanência e da insubstancialidade do que quer que desejamos agarrar, tanto melhor compreendermos a nossas tendências para a fascinação e a ganância. Em conseqüência disso, descobrimos que não somos distraídos com tamanha facilidade e não nos deixamos envolver tão rapidamente pelo que quer que aconteça em seguida. Podemos até vivenciar uma reordenação total das prioridades das nossas vidas. À proporção que começamos a adquirir maior compreensão e maior compaixão, nossas vidas se tornam mais alegres e cheias de energia positiva, que pode ser de ajuda e de inspiração para outros.

As frustrações são gestos da vida
Através dos quais crescemos em conhecimento,
E a impermanência é o giro circular de nossas vidas,
Que é vivido como um jogo cujo sentido é desdobrado como equilíbrio.

COMEÇANDO COM HONESTIDADE

*Temos medo de aprender
porque temos medo de crescer e de
assumir a responsabilidade maior
que vem com o crescimento.*

De uma coisa podemos estar certos: nós não conhecemos tudo. Não temos um conhecimento certo do passado, de que vivemos, nem do futuro, para o qual vamos. Podemos até desconhecer a condição atual do nosso corpo, da nossa mente e dos nossos sentimentos. Por ser tão limitada a nossa compreensão, temos que nos haver com uma ansiedade subjacente — uma suspeita de que fomos apanhados em nossa própria ignorância. Pode haver um sentido de realidade além da tela de nossa vida diária, mas essa verdade, de certo modo, está escondida de nós.

A nossa experiência deu-nos *algum* conhecimento mas, ao mesmo tempo, raramente olhamos com honestidade para o que sabemos. Uma ação particular pode ser claramente vantajosa, mas muitas vezes decidimos fazer o oposto, se o oposto for mais fácil ou menos exigente. E depois pedimos desculpas pela nossa escolha. Objeções, opiniões e juízos ocorrem em nossas mentes para impedir-nos de agir de forma positiva. Muitas vezes, quando tentamos fazer o que é proveitoso, fortalecemos nossas inseguranças sugerindo a nós mesmos que o que estamos fazendo não é direito; podemos criticar-nos tão continuadamente que, por fim, recuamos para a direção oposta e nos recusamos a enfrentar-nos.

De modo que dois fatores estão presentes: um, o fato de que não conhecemos certas coisas, e o outro, o fato de que conhecemos certas coisas, mas não queremos admitir para nós mesmos que as conhecemos. Até quando, na realidade, nós vemos uma situação com clareza, freqüentemente tentamos interpretá-la em nosso benefício e, por conseguinte, nós nos enganamos a nós mesmos. Nossa força espiritual pode não ser tão poderosa a ponto de fazer com que enfrentemos efetivamente a realidade; por isso nos esquecemos de que sabemos ou nos recusamos a olhar; ficamos preguiçosos ou voltamos a mente para outros assuntos. E fazemos isso com conhecimento. E assim nos vemos colhidos por estes dois padrões destrutivos: a ignorância e a fuga.

A causa subjacente desses padrões é o medo, o medo incessante causado pela ausência de força interior. Esse medo divide nossa atenção e motivação e, desse modo, interfere com a nossa capacidade de ver-nos com clareza. O medo é uma das mais poderosas armas do ego para a sua autopreservação, porque quando ocorrem sentimentos de medo, insuficiência e fraqueza, não queremos enfrentar a realidade de nós mesmos ou nossas próprias vidas.

Aprendemos assim a esconder os nossos verdadeiros pensamentos e sentimentos, de sorte que o modo com que falamos, olhamos, pensamos, sentimos e agimos não é autêntico. Escondemos completamente o que sentimos por nós mesmos e pelos outros, não desejando compreender que estamos tão longe da verdadeira compreensão. Se alguém se atrevesse a sugerir que nossos egos estão brincando e que nós estamos deperdiçando as nossas vidas, poderíamos encontrar inúmeras desculpas para defendernos. Mas quando observamos com cuidado, temos de admitir que muitas vezes nós nos escondemos de nós mesmos. Podemos nos sentir tão ameaçados que achamos mais fácil negar constantemente a necessidade de mudança do que realmente mudar — ainda que, por baixo disso, compreendamos o que precisamos fazer para tornar nossas vidas significativas e dignas de serem vividas, e como devemos fazê-lo. Basicamente, somos apenas fracos demais para começar.

Desde a infância, aprendemos com amigos e familiares como disputar "jogos". Disputamos jogos por duas razões: a primeira é a nossa necessidade de sobreviver social e economicamente, e a segunda é o envolvimento do nosso ego — queremos ser aceitos. Quando somos hábeis em seguir as regras sociais, jogamos bem e temos uma vida bem-sucedida, mas podemos não tocar jamais os níveis mais profundos de nossos corações. Muitas vezes ficamos tão envolvidos nos nossos jogos que já não podemos distingui-los de nós mesmos e, dessa forma, perdemos contato com a nossa natureza interior. Podemos até ficar física ou mentalmente doentes de tanto agarrar e lutar. Mas, conquanto nos sintamos extremamente cansados de jogar, continuamos jogando — com amigos, com a família, com a sociedade. Podemos até *saber* que estamos disputando jogos, mas nossas circunstâncias criam situações tensas ou cheias de pressão, que parecem impedir-nos de agir de acordo com a nossa orientação interior. Por isso é proveitoso observar o nosso ego e averiguar como jogamos — e se o fazemos com êxito ou não. Nos círculos profissionais, em que todos compreendem as regras — a disputa de jogos é aceitável e até respeitável... admirável quando feita com inteligência. Todos sabem como manipular os outros, como ser argutos e manhosos, como fazer que as coisas pareçam lisas à superfície, embora ocultem coisas por baixo. Há jogos de todas as castas, e quase tudo, de uma forma ou de outra, está envolvido num ou noutro tipo de jogo. A atitude é: "Como farei para vencer, não importa o que!" Ninguém parece preocupado com o fato de que alguém ou alguma coisa podem ser destruídos no processo. Só o que importa é vencer.

Entretanto, até quando somos bem-sucedidos, as pressões advindas de nossas obrigações podem de tal maneira tornar tensas as nossas energias físicas e mentais que elas parecem escravizar-nos; podemos até sentir que as nossas relações pessoais são constritivas. As pressões, os desapontamentos e os medos começam a limitar a nossa capacidade de trabalhar de modo criativo e eficaz; entretanto, não sabemos o que fazer para libertar-nos. Em todas as direções só vemos dor, solidão e confusão — até que ansiamos por escapar. Na tentativa de fugir da situação, fazemos excursões nos fins de semana e, à noite, planejamos divertimentos. Apesar disso, o nosso sofrimento mental e o nosso desassossego interior continuam. Embora relutemos em acreditar que nossos próprios atos e atitudes tenham sido a causa do nosso sofrimento, no fim de contas não podemos ignorar esse conflito. Por fim, desesperados, compreendemos que precisamos mudar.

Talvez decidamos percorrer um caminho de desenvolvimento interior, mas titubeamos, sentindo que precisamos primeiro terminar o nosso trabalho — *depois* abandonaremos nosso emprego ou posição e só *depois* praticaremos. E, no fim, simplesmente nunca chegamos a fazer nada disso. Podemos ter muitos sonhos bonitos, embora realizemos muito poucos em toda a nossa vida espiritual ou material. Em toda parte do mundo as pessoas passam a vida sonhando em desenvolver-se espiritualmente, sem jamais fazer muita coisa nesse sentido. Neste país, sobretudo, é preciso muita força de vontade para que alguém se desenvolva interiormente. Somos apanhados na competição pelas vastas reservas não exploradas de poder, que a tecnologia moderna colocou à nossa disposição. Nós vivemos sob intensa pressão para nos conformarmos com as regras e as restrições da nossa sociedade urbana "civilizada". A estrutura está organizada de tal maneira que, se não nos conformarmos, ser-nos-á difícil sobreviver. Assim, muitos de nós nos sentimos constrangidos, embora sejam poucas as pessoas capazes de tomar a decisão de mudar suas vidas e menos ainda os que têm o poder de fazê-lo.

Por conseguinte, ainda que comecemos a percorrer um caminho espiritual, isso não quer dizer que continuaremos. Isso ocorre, não por ser indispensável uma disciplina impossível, mas porque nos faltam coragem e confiança. Ignoramos nossas habilidades, nosso potencial para desenvolver o poder pessoal de que precisamos para proceder as experiências de quebra do ego. Em conseqüência disso, se bem muitos de nós tentem descobrir a verdade, pouquíssimos o conseguem.

Isso não quer dizer que a espiritualidade não tem o poder de ajudar-nos, ou que haja alguma coisa errada nos ensinamentos ou na nossa capacidade de compreendê-los. O problema é que a manutenção de uma atitude espiritual é muito diferente do nosso costumeiro modo de pensar − e nos vemos apanhados em conflito entre os dois. Os nossos sentidos nos empurram para um caminho profano, mas o nosso intelecto e a nossa intuição instam conosco para que sigamos um caminho espiritual, porque este, em última análise, é mais satisfatório e significativo. Por isso, tentamos percorrer dois caminhos que estão em conflito um com o outro. Ou podemos seguir um caminho espiritual por algum tempo, para depois esbarrar em dificuldades. Nossas fantasias e expectativas não se realizam, ou nós achamos que já aprendemos o suficiente e assim voltamos ao nosso antigo modo de vida. Ali podemos encontrar ainda muitos dos problemas e hábitos que julgávamos tivessem sido deixados para trás. A diferença entre as nossas expectativas e a nossa experiência pode leva-nos a achar que o tempo gasto por nós numa busca espiritual foi perdido. No entanto, quando seguimos apenas um caminho material, vivenciamos finalmente uma espécie de vazio espiritual que não podemos ignorar para sempre.

Quando começamos a mudar, é difícil voltar ao nosso modo de vida antigo, ainda que o desejemos. Alguma coisa despertou dentro de nós, e a força positiva da mudança cria um **momentum** que nos impele a continuar. Descobrimos então que o caminho espiritual está *justamente aqui*, seja o que for que estejamos fazendo; podemos não ter sido capazes de percorrer o caminho deliberadamente, por isso o caminho veio até nós.

Ainda que tentemos não acreditar que o giro contínuo do desejar e do agarrar seja destrutivo, nossos desapontamentos e frustrações acabarão afinal por moderar-nos e ajudar-nos a encarar as realidades de nossas vidas. Daí que, sejam quais forem os trabalhos ou obstáculos que tenhamos de enfrentar no caminho espiritual, não devemos desistir − pois, se o fizermos, teremos de enfrentar outra vez, mais tarde, os mesmos obstáculos. Tudo, no fim de contas, é decisão nossa; mas se vacilarmos para trás e para a frente, indecisos, estaremos tão-só desperdiçando um tempo valioso. Precisamos decidir agora a encarar a nossa vida com honestidade.

Estamos sempre tentando, ou direta ou indiretamente, proteger os nossos egos e as nossas auto-imagens; esse hábito é um dos mais difíceis de largar. Gostaríamos que houvesse um modo de nos desenvolvermos interiormente sem ferir o ego, sem analisar, meditar e preservar. Todos gostaríamos disso se não tivéssemos de trabalhar em nós mesmos. Infelizmente, porém, não é fácil progredir sem antes remover nossos obscurecimentos e sem antes aclarar a nossa visão. Até quando imaginamos que nossa mente está clara, na verdade, ela pode estar inquieta, nublada ou cheia de sentimentos de "perda". Às vezes, até parece que não queremos ver. E se é assim mesmo que somos, como poderemos despertar desse sonho?

Mestres consumados olham para todos os seres vivos com grande compaixão, porque eles vêem quão exaustos estão esses seres pelo constante agarrar. Muitos de nós temos uma escassa significação ou direção em nossas vidas; tudo o que queremos é satisfazer nossos desejos, viver confortavelmente, nos sentirmos felizes e relaxados, ou ser muito excitados e sensuais. Podemos ter muitos desejos dessa natureza, mas esses prazeres consomem as nossas energias como a chama que atrai e consome a mariposa. Não tendo consciência de que anseios e apegos não proporcionam uma satisfação permanente, criamos ainda mais dor para nós — e depois lutamos para agarrar-nos à causa do nosso próprio sofrimento. Ficamos semelhantes a um velho cão desdentado de uma aldeia tibetana que se apodera de um osso e se põe a roê-lo até que as gengivas começam a sangrar. Provando o sangue, o cachorro pensa: "Ah, como é suculento e saboroso este osso!" Até quando sabemos que há atos mais compensadores do que os nossos apegos, continuamos a jogar conosco e a deixar que o nosso ego nos domine. Agora que temos a oportunidade de quebrar nossos padrões de hábitos, por que não nos interessamos o suficiente por nós mesmos para admitir nossos jogos e mudar? Por que tentamos continuamente nos enganar?

Temos medo de aprender porque temos medo de crescer e assumir a responsabilidade maior que vem com o crescimento. À superfície, podemos pensar que desejamos aprender mas, em níveis mais sutis, o crescimento e a mudança nos ameaçam. Daí que, embora tentemos constantemente melhorar-nos e melhorar as nossas relações — sentir mais alegria e ser mais positivos — nossos atos são frustrados e alcançamos poucos resultados. Ponhamos, por exemplo, a nossa decisão de meditar; fazemos toda sorte de preparativos — arrumando a sala, acendendo o incenso — em seguida nos sentamos e damos instruções a nós mesmos: "Permanecerei em silêncio, perfeitamente relaxado e consciente... sem agarrar ou segurar pensamentos." Mas, durante o tempo da meditação, jogamos um jogo complicado. Raramente mantemos a nossa mente focada no momento presente, mas ocupamo-nos de lembranças passadas ou de planos futuros — ou podemos, simplesmente, adormecer. Mesmo depois de anos e anos de estudos e disciplina, pouco fazemos além de preparar-nos e instruir-nos continuamente — tentando com tanto afinco que nunca começamos de verdade.

Não obstante, a experiência é um mestre excelente; podemos aprender muita coisa com todos os sofrimentos, frustrações e confusões por que passamos. Por fim, nossos auto-enganos, ganâncias e emoções negativas nos deixarão tão esgotados que mudaremos automaticamente. Mas primeiro precisamos reconhecer e compreender os resultados de nossas ações. Mesmo depois de terminada a nossa vida, esses resultados continuam; portanto, se não removermos os venenos agora, não há como escapar de mais sofrimento no futuro. Continuaremos a ser apanhados entre os dois extremos da cobiça e do sofrimento, no ciclo de muitos níveis de arrependimentos passados, esperanças futuras e confusões presentes. Precisamos de uma coragem tremenda para aceitar a nossa dor e a nossa confusão, pois durante todo esse tempo criamos e encorajamos o nosso sofrimento e, em certas ocasiões, até gostamos dele! Parece que não estamos *prontos* para afastar-nos do sofrimento. Continuamos a cometer enganos, a criar confusões, a acumular frustrações. O ego joga muitos jogos conosco e permeia todos os nossos sentimentos, sensações e idéias; entretanto, não estamos sequer realmente cônscios da maneira com que o ego cria esses padrões em nossa vida ou da maneira como se desenvolvem nossas várias atitudes negativas e motivações. Tudo o que sabemos é que continuaremos a sofrer com nossa dor e nossos problemas até ficarmos exaustos.

Precisamos observar com honestidade nossa vida cotidiana e enfrentar diretamente nossas fraquezas e problemas. Não importa que chamemos a isso caminho espiritual ou religião; o que importa é que nossos atos sejam restos e nossa mente esteja livre da disputa de jogos. Se formos honestos e amarmos sinceramente a verdade, poderemos revolucionar as nossas vidas. Não precisamos seguir, às cegas, um determinado sistema, mas podemos desenvolver-nos à nossa própria maneira ouvindo o nosso coração e seguindo as verdades que descobrirmos nas nossas experiências. O fato de assumirmos integralmente o compromisso de encontrar a verdade pode ser um passo positivo, poderoso.

Sem olhar pará o passado, podemos agora fazer uma escolha para o nosso futuro. Se estivermos decididos a trabalhar em nós mesmos de forma honesta e inteligente, muito desenvolvimento proveitoso· poderá ocorrer. A honestidade é exigida porque temos de aprender a cuidar de nós mesmos da melhor maneira possível; requer-se inteligência porque muitos obstáculos precisam ser transpostos. A não ser que sejamos inflexivelmente honestos, acabaremos por enganar-nos tentando encobrir nossos erros ou tentando escapar às nossas dificuldades, em lugar de enfrentar-nos e de produzir uma mudança significativa. Se quisermos atingir a paz e o equilíbrio interiores, precisamos começar com honestidade.

ASSUMINDO RESPONSABILIDADE

*Afinal, não há como escapar de assumir
responsabilidade por nós mesmos.*

Todos desejamos ser felizes, viver uma vida cheia e proveitosa — mas a vida não terá muito significado se despertarmos na maioria das manhãs preocupados e ansiosos, e passarmos os dias sentindo-nos frustrados ou inúteis. Talvez encontremos alívio temporário em várias formas de satisfação do ego, mas acabamos compreendendo que tais prazeres são fugazes. Se, ao invés disso, aprendermos a assumir a responsabilidade por nós mesmos e a viver em equilíbrio e harmonia, vivenciaremos um sentido profundo de liberdade interior, que dará propósito às nossas vidas e nos sustentará através das mais difíceis situações.

Quando observamos com cuidado cada aspecto do nosso corpo, da nossa mente, dos sentimentos e de tudo o que nos acontece no decorrer de um só dia, seremos capazes de ver e até de predizer os padrões, atitudes e qualidades que continuarão conosco para o resto das nossas vidas. Olhando para o modo com que gastamos o nosso tempo, descobrimos muitas vezes que, por não programarmos as coisas que desejamos realizar, embora o dia pareça atarefado, boa parte dele se desperdiça em confusão e em devaneios. Podemos até perambular, sem ter nada de específico para fazer — sem propósito e sem planos.

Cada dia é um elo da cadeia que forma a nossa vida. Por isso mesmo, num nível prático, devemos saber sempre o que estamos fazendo, não com a finalidade de ficar ricos e poderosos, mas para viver da maneira mais equilibrada possível e para desfrutar o estar vivo.

Temos uma rara oportunidade, nesta terra de ouro, de ser auto-suficientes, de ser generosos, e de não representar uma carga para ninguém.

Cuidar de nós mesmos não é tão difícil quando assumimos uma atitude aberta e disposta. Se fôssemos responsáveis pelas necessidades de 200 ou de 300 pessoas, poderíamos ter problemas; mas não é tão difícil assim cuidar de uma pessoa apenas. Pesamos 50 ou 100 quilos e temos apenas 1,50 m ou 1,80 m de altura, e, não obstante, a maioria dos nossos problemas está na nossa cabeça, que não tem mais de 20 cm de comprimento – e achamos difícil cuidar dela!

Muitos de nós não aprendemos a ser responsáveis quando estávamos crescendo, e os conhecimentos adquiridos em dez ou quinze anos de escola nem sempre têm muito valor num nível prático. E assim descobrimos que, como adultos, não sabemos levar uma vida equilibrada e significativa. Ainda que nos consideremos auto-suficientes e responsáveis, se não compreendermos o domínio que as emoções e o ego têm sobre nós, talvez estejamos apenas nos enganando. Só no momento em que temos de enfrentar uma crise ficamos sabendo se a nossa força interior é suficientemente desenvolvida para carregar-nos através das nossas dificuldades.

Às vezes tentamos lutar com os nossos problemas indiretamente, atribuindo aos outros a culpa dos nossos dissabores. Isso leva à confusão e cria uma atmosfera densa e negativa dentro de nós e ao nosso redor. Embora seja fácil criticar os outros, enfrentar nossas próprias fraquezas e enganos é muito mais difícil. Por isso procuramos persuadir-nos de que nossos problemas se solucionarão por si mesmos se pudermos "apenas sair" por algum tempo; ou talvez pensemos que podemos escapar de nossos problemas e dos problemas dos outros seguindo um caminho espiritual. Mas, afinal de contas, não há como escapar de assumir responsabilidade por nós mesmos.

Quando aprendemos a lidar diretamente com nossos desgostos e dificuldades, deixam de ter sentido as idéias romantizadas a respeito do caminho espiritual. Vemos que o importante é assumir a responsabilidade por nós mesmos e ter sempre consciência de nossos pensamentos, sentimentos e ações. *Podemos* lidar eficazmente com nossos problemas, desenvolver o nosso potencial e descobrir o significado e o valor de nossas vidas. Isso pode parecer simplista. Mas, às vezes, o simples esquecimento dos problemas por algum tempo ajuda. Vemos, no decorrer desse processo, que muito daquilo em que fomos apanhados diminuiu as nossas perspectivas. Nossos medos, ansiedades e infelicidade se transformam num obstáculo para o nosso equilíbrio e desenvolvimento interiores e nos impedem de lidar de modo construtivo com as nossas dificuldades.

Os ciclos emocionais e os padrões de hábitos são difíceis de quebrar, pois a nossa confusão mental nos dificulta freqüentemente a distinção entre o que é saudável e o que é nocivo. Isso é particularmente manifesto nos lugares em que as pessoas vivem aglomeradas e estão expostas a influências diversas e conflitantes; a confusão e a negatividade podem ser opressi-

35

vas. As pessoas desenvolvem um sentido de desalento, um sentimento de que não há outra alternativa, não há saída. Por fim, uma atitude desse tipo acaba cansando perda de vitalidade e indiferença total.

Importa, portanto, reconhecer o poder das nossas emoções – e assumir a responsabilidade por elas, criando uma atmosfera leve e positiva à nossa volta. Essa atitude de alegria que criamos ajuda a aliviar estados de inutilidade, solidão e desespero. Nosso relacionamento com outros aprimora-se naturalmente e, pouco a pouco, toda a sociedade se torna mais positiva e equilibrada.

Ao observar nossas emoções, vemos que elas são contagiosas. Quando alguém está rindo, sentimos vontade de rir; quando alguém está chorando, também nos sentimos tristes. A mesma coisa é verdadeira quando alguém está deprimido. A negatividade atua como uma doença infecciosa – quando uma pessoa é negativa, as outras também se tornam agitadas e negativas.

Por isso reservemos algum tempo para desenvolver a percepção, para reanimar nossa mente e nossos sentidos... pois não podemos dar-nos ao luxo de perder nosso tempo ficando tristes, emotivos ou confusos. Neste exato momento, podemos começar a assumir a responsabilidade por nós mesmos. Estes não são ideais nem metas para algum tempo futuro. Podemos começar imediatamente.

A vida está em constante movimento, muda continuamente – um momento passa e deixa outro, que nunca é igual ao anterior. A todo instante o nosso corpo sofre mudanças fisiológicas e psicológicas de que não fazemos a menor idéia. Quando temos consciência dessas mudanças, podemos apreciar a vida com mais facilidade e comunicar-nos com os outros. Entretanto, quando não temos consciência do que está acontecendo em nossas vidas, podemos compreender de repente que a metade de nossas vidas já se foi – e que fizemos pouco progresso no libertar-nos de nossos obstáculos ou no desenvolver as nossas qualidades positivas. Porque a vida se move sem parar – muito mais depressa do que um rio – precisamos usar bem cada momento.

É importante, pois, estarmos conscientes a todo momento – para primeiro olhar e pensar no que estamos fazendo – e não agir precipitadamente. A espontaneidade que provém da certeza e da autoconfiança é uma qualidade muito positiva; muitas vezes, contudo, quando respondemos sem pensar, somos como um floco de algodão que voa para onde quer que o vento o leve. A ação espontânea é muitas vezes imprevisível e, assim, pode resultar em confusão ou desorientação; podemos ser levados a extremos pela nossa mente confusa. Por isso precisamos controlar nossa impulsividade e, em vez de depender dela, depender apenas da nossa força interior e da nossa convicção. Não obstante, quase todos preferimos seguir o que nos fascina no momento, sem pensar nas conseqüências.

Era uma vez um rei de macacos que abaixou a vista para as paredes de um desfiladeiro e viu a lua brilhante refletida na água, lá embaixo. "Oh, que linda jóia — preciso tê-la!" pensou. Quando contou o caso aos outros macacos, todos disseram que seria muito difícil alcançá-la; mas o rei dos macacos insistiu: "Tenho uma idéia: um dos macacos ficará agarrado a uma árvore e todos os demais formarão uma linha, cada qual segurando com firmeza o rabo do macaco à sua frente. Depois poderemos abaixar essa cadeia de macacos até a água e o último poderá alcançar a jóia." Assim, quinhentos macacos ficaram pendurados, um atrás do outro, até chegar à água, mas o peso de todos eles foi excessivo para o que estava agarrado à árvore, e os quinhentos macacos caíram dentro d'água e morreram afogados.

Nossa mente, não raro, é como o macaco — quando não refletimos cuidadosamente, com antecedência, em nossas ações, não podemos ver com clareza as conseqüências, e nossas fantasias, sonhos e ambições egoístas nos causam dificuldades. Quando nossas ações são realizadas às cegas, sem nenhuma direção prática ou lógica, podemos nos ver entalados em situações ainda mais enredantes do que as circunstâncias presentes.

Por isso, tenha consciência do seu corpo e dos seus sentidos. Saia do nevoeiro dos sonhos do futuro ou da recordação das lembranças passadas. Desista do romantismo emocional e tenha consciência apenas do que está acontecendo na sua mente e nos seus sentimentos. Depois que encontrar o seu equilíbrio, você poderá mantê-lo, sem embargo do que nossa ocorrer em sua vida.

Os padrões da sua vida diária podem ser a sua educação. De tempos a tempos, analise seus pensamentos e examine os acontecimentos de sua vida; e exercite-se para estar consciente o tempo todo. Se você o fizer com regularidade todos os dias, desenvolverá uma saudável qualidade de genuinidade; sua vida se tornará menos caótica e confusa, e você já não estará tão interessado em buscar satisfação fora de si mesmo. Enfrentar cada situação conscientemente — é uma das melhores maneiras de assumir a responsabilidade.

ABRINDO O CORAÇÃO

*Uma vez abertos os nossos corações, toda a
existência parece naturalmente bela e harmoniosa.*

O s ensinamentos básicos do caminho espiritual surgem de dentro dos nossos corações. Quando os nossos corações se tornam o nosso mestre e nos incutem confiança, o alimento espiritual flui através do centro do coração e libera energias curativas. Nesse momento, outros prazeres e sensações, comparados a isso, parecem clarões momentâneos. Daí a importância de estabelecer contacto com os nossos corações e dar ouvidos ao nosso silêncio interior.

Muitas vezes, porém, nosso estudo ou nossa meditação entra em contacto apenas superficial com nossos pensamentos e sentimentos. Não nos aceitamos pelo que somos, mas desperdiçamos a vida sonhando e cobiçando prazeres fora de nós mesmos. Tais fantasias nos hipnotizam e nos impedem de tocar nossos sentimentos mais íntimos — sentimentos que depois se cobrem de camadas de decepção criadas pelas nossas expectativas malogradas. Esse fantasiar cria uma brecha entre a nossa mente e o nosso corpo.

A vida parece vazia quando nossos corações estão fechados. Podemos ler livros, pedir conselhos a amigos e amantes, ou buscar refúgio em objetos materiais, e continuar ainda ansiosos e insatisfeitos. Os entretenimentos já não nos proporcionam muita satisfação, e não somos capazes de encontrar beleza alguma que, de certo modo, não nos decepcione; o amor é esquivo, e nada nos parece significativo ou proveitoso. Debatemo-nos simplesmente com os nossos problemas, à procura de algum método ou técnica capazes de aliviar a tensão e a pressão da nossa insegurança e do nosso medo. No fim, quando estivermos a sós, podemos até chorar.

Há rochas no oceano que vêm sendo cobertas de água há milhares de anos; em seu interior, todavia, elas continuam secas. Da mesma forma, podemos tentar compreender-nos a nós mesmos mergulhando em várias idéias e filosofias, mas se os nossos corações estiverem fechados e frios, o verdadeiro significado não nos tocará. Onde quer que estejamos e seja o que for que fizermos, se não estivermos abertos, ninguém, nem mesmo o maior dos mestres, poderá chegar até nós.

Conquanto sejamos adultos, há qualquer coisa de criança dentro de cada um de nós. Essa criança deseja crescer, dançar, amadurecer, mas falta-lhe o alimento adequado. A única maneira que ela conhece de encontrar satisfação é exigindo e cobiçando. Desse modo, o ego se coloca por trás de cada ato – dirigindo, manipulando e possuindo.

De vez em quando sentimos um alívio em nosso descontentamento mas as nossas memórias não tardam a criar novos desejos. Tentamos repetir nossas experiências passadas, buscando novos meios de agradar ou de sermos agradados, de satisfazer ou de sermos satisfeitos; entretanto, em grande parte do tempo, a vida ainda parece frustrante e sem solução. Embora todos nós desejemos a felicidade, poucos atingem esse objetivo em razão do ciclo aparentemente interminável de expectativa e desapontamento. Mas esse ciclo pode terminar. Se podemos renunciar aos nossos apegos e ganâncias, *será possível* crescer espiritualmente e encontrar o prazer genuíno. As abelhas se alimentam do néctar das flores; elas não se agarram às inflorescências.

Há, pois, um jeito – um jeito que não envolve o ego. Podemos apenas ser. Podemos esquecer o ego – jogá-lo fora – e relaxar completamente. Não precisamos pensar em "mim" ou em "você", nem no que estamos ganhando ou perdendo; podemos simplesmente expandir nossos sentimentos, nosso relaxamento, nossa calma e nossa alegria. Podemos continuar expandindo a nossa consciência – livres do ego, livres das expectativas, dos julgamentos e das identificações. Quando fazemos isso, começamos realmente a crescer.

Depois que reconhecemos claramente que as nossas expectativas só levam à decepção e à frustração, a avidez constante deixa de agarrar-nos, e nós nos tornamos mais abertos às nossas experiências. Podemos encontrar satisfação em qualquer lugar – uma simples caminhada pode proporcionar-nos maior prazer do que qualquer outro entretenimento. Mas enquanto não abrirmos os nossos corações, haverá pouca inspiração, luz interior ou calor para sustentar-nos, pois estamos constantemente minando a nós mesmos. Finalmente, ninguém pode ajudar-nos muito a não ser que demos o primeiro passo, que demos ouvidos a nós mesmos, que nos encorajemos, que inspiremos confiança a nós mesmos, buscando refúgio nos nossos corações.

Portanto, comece por ouvir o seu coração, seus sentimentos e pensamentos e seu diálogo interior. Fique bem atento a tudo o que está acontecendo dentro de você. A princípio, você poderá ser crítico – rejeitando sua experiência imediata em razão de um profundo ressentimento por você ou por outros. Ou talvez você se sinta insensível e frio; seu coração pode estar apertado e você pode ter dificuldade para sentir o que quer que seja. Mas, muito gentil e delicadamente, dê ouvidos aos seus sentimentos. Isso é importante. Escute o seu coração – literalmente, escute pulsar o seu coração. Em regra geral, nem sequer percebemos a rapidez ou a lentidão com que pulsam os nossos corações. Mas, em lugar de distrair-se com pensamentos e conceitos, ouça a sua voz interior, e você descobrirá que se torna muito mais relaxado e muito mais alegre.

Quando você ouve cuidadosamente, você ouve, às vezes, um som dentro do silencio. Não se trata do som impetuoso que você às vezes ouve quando o seu corpo está passando pelo processo natural de liberar a tensão, mas do som produzido pela fala dos seus pensamentos. Quando os seus sentidos estão muito quietos e você está relaxado e concentrado então é possível ouvir tons diferentes. Às vezes, você pode ouvir um tom alto, estridente ou uma voz grave – mas isso depende muito da sua experiência individual. Existem, na realidade, dez tons diferentes, cada um dos quais com uma vibração específica. Mas, para vivenciá-los, você precisa desenvolver primeiro a sua concentração e a sua percepção até ficar completamente atento e aberto.

É importante não lutar para atingir alguma experiência especial – então, relaxe-se sem se distrair e sem perder a percepção. De vez em quando, após um longo período de meditação, se você estiver bem silencioso e alerta, poderá ouvir uma música bela e suave no seu corpo – uma espécie de música silenciosa entre os pensamentos. Através da meditação e da sua própria sensibilidade, você pode estabelecer contacto com essa silenciosa música interior.

Antes de poder ouvir o eu mais profundo [self] dentro de nós mesmos, precisamos aprender a aceitar-nos e amar-nos. A seu tempo, o centro do coração se abre naturalmente, e isso é o início do caminho da abertura, compaixão e empenho. Quando se abrem os diversos centros do corpo, podemos descobrir certos sinais mentais e físicos, ou energias, que afetam tanto as emoções quanto o sistema nervoso. Podemos, realmente sentir o quanto está aberto o coração, e quão bem nos sentimos comunicando-nos com ele.

Se nossos corações estão abertos, toda a existência parece naturalmente bela e harmoniosa. Isto não é apenas mais uma fantasia – é possível ver ou sentir dessa maneira, e essa é a essência dos ensinamentos espirituais. O coração nos revela todos os conhecimentos. Por que o coração e não a mente? Porque o nosso ego controla a nossa cabeça, e os nossos corações são muito mais livres.

Quando os nossos corações estão abertos, nenhum problema é demasiado grande. Ainda que percamos nossas posses e nossos amigos e fiquemos sós, sem ninguém para nos amparar ou para nos orientar, podemos encontrar sustentações em nossos sentimentos mais profundos, em nosso silêncio interior. Utilizando os nossos recursos interiores, podemos enfrentar com mais facilidade situações emocionais e intelectuais porque já não estamos envolvidos no drama que se desenrola à nossa volta. Ainda que tenhamos de enfrentar a morte, podemos permanecer cheios de paz, calmos e equilibrados.

Precisamos, portanto, encorajar nossos sentimentos calorosos e positivos. Esse calor não é uma emoção superficial ou sentimental — não é o tipo de emoção que leva ao desequilíbrio e cria freqüentemente o "pânico" em lugar da calma. É uma autêntica abertura que sentimos como um calor profundo no centro do coração, que é o nosso santuário interior, o nosso próprio lar.

É no centro do coração que a nossa natureza interior cresce até alcançar a plenitude. Depois que se abre o centro do coração, dissolvem-se todos os bloqueios, e um espírito ou intuição se difunde por todo o nosso corpo, de modo que todo o nosso ser se põe a viver. A esse "espírito" dá-se, por vezes, o nome de essência da energia humana ou essência da verdade. Mas seja qual for o nome que se lhe dê, se não nos deixarmos impregnar por ele, o nosso corpo pode estar ativo mas o nosso coração permanecerá fechado. Somos estranhos a nós mesmos.

Quando nos tornamos capazes de integrar nossas mentes com nossos corações e nossas ações com nossas intuições, encontramos um significado genuíno em nossa vida. Nossas dificuldades emocionais e nossos problemas diminuem automaticamente e descobrimos inspiração, **insight**, motivação e força. Tornamo-nos, naturalmente, autonutrientes, automotivadores e autoconfiantes. Por conseguinte, reparemos no que está acontecendo em nossos corações. Esta é uma preparação essencial para aprender a verdade de nossas próprias vidas.

DESPERTANDO COMPAIXÃO

Como o Sol, que emite raios inumeráveis,
a compaixão é a fonte de todo
crescimento interior e de toda ação positiva.

Logo depois de nascermos, nós nos familiarizamos muito com o nosso próprio sofrimento e a nossa própria confusão. No entanto, mesmo depois de muitos anos, descobrimos que continuamos inconscientes dos sofrimentos das outras pessoas. E a nossa capacidade de comunicar-nos, até com os que estão mais próximos de nós, é limitada. Achamos difícil compreendê-los e eles, freqüentemente, acham difícil compreender-nos. Conquanto vivamos em estreita proximidade de centenas, ou até de milhares de pessoas, com as quais compartimos de tantos problemas humanos básicos, ainda assim não manifestamos muita preocupação uns com os outros.

Muitos de nós, todavia, estamos procurando maneiras de compreender-nos e satisfazer-nos, a nós e aos outros. Geralmente, porém, o que encontramos não passa de uma coletânea de informações – conceitos e teorias que têm pouquíssima relação com o interesse pelo desenvolvimento e a compreensão da humanidade. Apesar disso, estudamos tais informações e pensamos haver descoberto o verdadeiro conhecimento. Se o que aprendemos nos ajuda a crescer e a progredir interiormente, isso talvez seja verdade. Mas se não nos ajuda, ano após ano poderemos encontrar-nos nas mesmas situações sem interesse, seguindo os mesmos padrões sem interesse, desperdiçando nossas vidas no afã de coligir informações que trazem muito pouco proveito real para quem quer que seja. *Agora,* portanto, importa observar nossas vidas de perto e aprender a tirar proveito dos conhecimentos e compreensão que se acham dentro de nós mesmos.

Se olharmos com honestidade para nós mesmos, o que vemos? À superfície nossas vidas podem parecer felizes e confortáveis, ainda que não nos sintamos genuinamente satisfeitos. Embora procuremos sorrir e agir como se nada nos estivesse aborrecendo, podemos estar sofrendo, sem ninguém para ajudar-nos ou guiar-nos de uma forma apropriada. Para proteger a nossa posição ou auto-imagem, perpetuamos nosso isolamento e criamos nossa própria concha num mundo completamente privado ao qual ninguém mais tem acesso. Ali vivenciamos toda a nossa alegria, bem como nossas falhas e frustrações. Ali podemos cometer todos os enganos que quisermos, que nunca ninguém saberá deles; ali ocultamos ressentimentos secretos e pensamentos intolerantes... esquecendo que todas essas atitudes, como um veneno, só produzirão novas frustrações e negatividades.

Assim, de um lado, sentimos a necessidade de relacionamentos com outras pessoas que nos tragam alegria e amizade. De outro lado, porém, erguemos um muro para proteger-nos do envolvimento e do conflito, de modo que raramente tocamos nos outros, raramente confiamos neles ou realmente partilhamos qualquer coisa com eles. Quando éramos mais moços, talvez tenhamos tentado ser mais abertos com nossos sentimentos, mas nós nos machucamos e não continuamos. Ou o nosso ego era demasiado vulnerável ou a nossa simpatia pelos outros não era suficientemente grande. No final das contas, ficamos muito isolados. E mesmo agora, podemos ter amigos íntimos ou família mas, se formos honestos com nós mesmos, veremos o quanto estamos sós. Raramente nos abrimos com alguém; e até quando nos interessamos por uma pessoa, muitas vezes o nosso interesse advém de um senso de obrigação ou de expectativas egoístas de reciprocidade.

Mas seja qual for a nossa intenção, podemos aprender a interessarnos por essa pessoa assustada e solitária que talvez sejamos nós. O interessarnos por nós mesmos constitui uma tremenda fonte de proteção contra o sofrimento e a frustração. A confiança em nós mesmos pode nos ajudar a aplicar nossa inteligência e conhecimentos para tornar as nossas vidas mais equilibradas e harmoniosas. Através da autonutrição e do desenvolvimento, estabelecemos uma amizade por nós mesmos; nossos corações então se abrem naturalmente, e do interior surge a compaixão. À medida que a autoconfiança e a autocura principiam a desenvolver-se, começamos a manifestar uma delicadeza verdadeira com nós mesmos e com os outros.

O cuidarmos de nós mesmos não é apenas mais um ato egoísta com um rótulo espiritual. É possível dar a nós mesmos calor e sustentação verdadeiros sem sermos motivados pelo amor a nós mesmos, porque a ganância de satisfação é muito diferente do aprender a cuidar de nós mesmos. Sem compaixão, pensamentos e ações se baseiam no desejo de uma satisfação egoísta ou egotista. Mas a compaixão autêntica, que é o antídoto do ego, nasce de uma atitude humilde e destemida de abertura e generosidade.

A compaixão é a ponte, a base espiritual da paz, da harmonia e do equilíbrio. O ego é o obstáculo... jogando, ambicionando, sendo esperto e engenhoso, ele governa essencialmente as nossas vidas. O ego nos programou física e mentalmente, de tal maneira que só a compaixão pode quebrar-lhe o domínio sobre nós e permitir-nos desenvolver nosso pleno potencial como seres humanos.

Depois que tivermos vivenciado profundamente nossos sofrimentos e solidão, poderemos imaginar os muitos que, no mundo, vivenciam os mesmos sentimentos. Vemos que as condições causadoras dessa dor ocorrem reiteradamente, não apenas nesta, mas em muitas outras vidas; assim damonos conta de que precisamos tentar alterar essa situação logo que for possível. Depois que tivermos reconhecido tudo o que temos em comum com outros, surgirá naturalmente um sentimento de compaixão e já não trataremos as demais pessoas com essa indiferença. Compreenderemos mais facilmente os seus problemas e, assim como aprendemos a curar-nos, assim também começaremos a valer-nos dos nossos conhecimentos para ajudá-los.

Depois que tivermos aprendido a interessar-nos por nós mesmos, poderemos aprender a apreciar a preciosidade e a unicidade de cada indivíduo. Acolhemos os outros com calor e alegria nos nossos corações, porque já não sentimos a necessidade de defender-nos. Vemos facilmente quando os outros se relacionam *conosco* dessa maneira — seus olhos estão vivos e seu rosto, radiante.

Embora a compaixão tenha esse poder de abertura, muitas vezes não a sentimos nem mesmo por nossos próprios pais. Talvez, quando éramos crianças, nosso relacionamento com eles não fosse aberto e caloroso, de modo que agora rejeitamos, ou até odiamos, a mãe que nos deu o ser. Mas o interesse pelos pais é fundamental para o bem-estar psicológico de qualquer civilização — os pais se interessam pelos filhos e os filhos pelos pais. Esse relacionamento é muito importante; não raro, contudo, há nas famílias uma grande dose de desentendimentos e de ressentimento, que continuam pela vida afora.

Podemos começar a desenvolver compaixão por nossos pais pensando no quanto eles suportaram para proteger-nos e amparar-nos, no quanto eles nos ajudaram até quando suas vidas eram difíceis. Eles talvez pudessem usar de mais sabedoria ao nos criar; talvez fossem ignorantes ou estivessem enredados nas próprias mentes ambiciosas e em seus desejos. Mas eles tentaram fazer o melhor que podiam dentro das suas limitadas capacidades. Por isso podemos sentir empatia por eles como se estivéssemos vivendo a vida *deles,* tivéssemos os pais deles, a infância, a educação e as experiências deles. Podemos tentar imaginar a nossa primeira infância — vinte, trinta, quarenta anos atrás. Éramos pequeninos e fracos, e no entanto, fosse como fosse, conseguimos amadurecer. À medida que crescemos, passamos por muitas experiências e agora somos adultos e podemos fazer seja lá o que for.

Mas é importante relembrar nossas origens e quanta dor, medo e sofrimento os nossos pais tiveram de vivenciar a fim de sustentar-nos e dar-nos a oportunidade de crescer. Se olharmos para trás e recordarmos tudo isso, nossos corações se tornarão mais abertos em relação aos nossos pais.

A compaixão é uma saudável atitude psicológica, porque não envolve expectativas nem exigências. Ainda que não sejamos capazes de fazer muita coisa num nível físico, pelo menos podemos ter o desejo de ser uma pessoa amante com um coração compassivo – podemos ter o desejo de ajudar os outros, espontaneamente, sem reservas. Essa atitude abre automaticamente os nossos corações e desenvolve a nossa compaixão. Podemos então dizer sinceramente a nós mesmos: "Se houver algum modo de eu aprender a aumentar a minha compaixão ou compreensão da humanidade, então desejo receber esse ensinamento – seja ele qual for, exista onde existir – e assumir a responsabilidade de utilizar esse conhecimento para ajudar os outros."

À medida que desenvolvemos a compaixão, começamos a sacrificar e a entregar os nossos corações. Não nos preocupa sequer saber se a outra pessoa reconhece nossa atitude ou nossas ações – pode ser até que ela nem tenha consciência delas. À medida que diminuímos a auto-ambição, aprofunda-se o sentimento de realização e satisfação, que pode expandir-se e dar à nossa vida grande significado. Que outra coisa tem na existência humana um valor igual?

Podemos ser muito inteligentes e poderosos, muito cultos e viajados, mas que valor tem isso? Apenas o sonho de uma noite, e lá se vai tudo. Toda experiência imaginável tem a mesma natureza impermanente; só a compaixão proporciona felicidade duradoura. À diferença dos momentos fugazes de "felicidade" que habitualmente vivenciamos, a alegria que nasce da compaixão não é sentimental nem romântica. Ela é não-dupla – e não discrimina entre a pessoa que dá e a que recebe.

P elo menos uma vez por dia convém pensar na solidão, confusão, sofrimento e ignorância que todos vivenciamos. Isso nos leva a compreender como todas essas condições penosas – desde o nascimento até o momento presente – vieram a existir. Tanto que compreendemos, tornamo-nos naturalmente mais relaxados e abertos. Nossos problemas não parecem tão sérios, e somos capazes de gozar a vida e até de rir-nos de nós mesmos, porque compreendemos e apreciamos nossas vidas pelo que elas realmente são.

A compaixão é sentida no centro do coração, e a origem da compaixão são os nossos sentimentos, a nossa experiência de viver. Enquanto a energia positiva da compaixão não fluir através dos nossos corações, realizaremos pouca coisa de real valor. Podemos estar simplesmente ocupando a nossa mente com palavras e imagens vazias. Podemos dominar várias ciências ou filosofias mas, sem compaixão, somos meros estudiosos vazios, enredados em círculos viciosos de desejos, cobiças e ansiedades. É escasso o significado verdadeiro ou a satisfação em nossas vidas. Mas quando a nossa energia é despertada, nossos relacionamentos com outros se tornam saudáveis e não necessitam de esforços — não temos nenhum sentimento de dever ou de obrigação, porque, façamos o que fizermos, sentimo-nos natural e espontaneamente "certos". Como o sol, que emite raios inumeráveis, a compaixão é a fonte de todo crescimento interior e de toda ação positiva.

Nesta época, portanto, quando o homem tem o poder de destruir completamente a terra, é especialmente importante desenvolver tudo o que é belo, benéfico e significativo... e praticar a compaixão. No começo, a nossa compaixão é como uma vela — precisamos fazê-la desenvolver-se,

aos poucos, até se tornar tão radiante quanto o sol. Quando a compaixão estiver tão próxima quanto a nossa respiração, tão viva quanto o nosso sangue, compreenderemos o modo de viver e trabalhar eficientemente no mundo e o de poder ajudar-nos a nós mesmos e aos outros.

Começamos tocando nossas próprias naturezas essenciais, e depois nos abrimos para os amigos, os pais e a família. Finalmente, expandimos e compartilhamos esse sentimento com todos os seres vivos, estendendo essa abertura a toda a natureza... às montanhas, à água, ao vento, ao sol e às estrelas. Quando nos sentimos abertos a toda a existência, nossos relacionamentos se tornam naturalmente hamoniosos. Essa compaixão não precisa manifestar-se de maneira física — ela nasce, muito simplesmente, da aceitação e da expansão de uma atitude mental aberta. O poder de compaixão é capaz de transformar-nos, tanto a nós como aos outros, de uma forma total, de modo que as nossas vidas se tornam radiantes e leves.

Assim sendo, procure visualizar todos os seres existentes no mundo — particularmente os que têm problemas ou estão experimentando dor. Lembre-se de maneira muito especial dos seus pais e amigos, quer estejam vivos quer não, e depois, de todos os outros. Liberte-se das motivações egoístas e transforme seus problemas e emoções em profunda compaixão para com todos os seres e para com todas as coisas da natureza, de modo que o universo inteiro se inunde de compaixão. Deixe que essa compaixão se irradie de todas as partes do seu corpo, e deixe-nos, juntos, enviar o nosso poder e a nossa energia a todos os seres, a fim de que eles possam superar seus obstáculos e tornar-se saudáveis e felizes.

Segunda Parte

RELAXAMENTO

EXPANDINDO SENTIMENTOS

*Esse sentimento de expansão é muito mais poderoso
do que a sensação física de alegria —
é profundo, vasto, infinito.*

Todos temos dentro de nós os recursos para ser saudáveis e equilibrados; é tão-somente uma questão de dirigir e utilizar as nossas energias de forma apropriada. Essa "direção", todavia, não deve ser compreendida como um controle forçado ou disciplinado. É um processo natural, que principia a funcionar quando aprendemos a relaxar e utilizar certas maneiras de respirar, de sentir e de pensar que nos ajudam a ajustar nosso equilíbrio interior e a permitir que nossas energias fluam com maior liberdade.

O relaxamento é um sistema de cura que pode ser usado para aliviar ansiedades e frustrações — as pressões que tão freqüentemente provocam a estagnação das nossas energias e assim nos impedem de expandir a nossa meditação e a nossa percepção. Através do relaxamento profundo purificamos nossas energias interiores. Podemos começar a relaxar apenas tomando consciência de quaisquer sentimentos que estejamos vivenciando — o retesamento dos nossos músculos, as dificuldades para respirar ou a pressão em nossas cabeças. Precisamos estar cônscios de, precisamos tocar e comunicar com todos os sentimentos que vivenciamos em nossa vida diária. Em seguida, através do uso de massagens e de certos exercícios, podemos aprender a afrouxar essas constrições físicas e mentais. Quando aprendemos a relaxar o corpo, a respiração e a mente, o corpo torna-se saudável, a mente torna-se clara e a nossa percepção torna-se equilibrada.

Assim que nos relaxamos e nossas mentes se libertam de distrações, começamos a sentir-nos mais abertos e naturais. Esse é o momento de silenciar o diálogo interior e o pensamento conceitual; silenciados estes, a coisa mais simples do mundo é aprimorar a qualidade da nossa meditação.

A seguir, em todo o correr do dia, podemos continuar alimentando a energia sensível com a qual entramos em contacto e, assim, continuar desenvolvendo uma percepção atenta e positiva.

Por isso sente-se, respire profundamente dez ou quinze vezes e relaxe, lenta e completamente, todo o seu corpo. Relaxe os olhos, e deixe que a sua boca se abra. Siga a sua respiração pelos braços e pernas abaixo. Solte-se completamente. Espere um pouco e sinta todo o corpo, desde a ponta dos dedos dos pés ao topo da cabeça. Sente bater o coração? Sente o sangue pulsar nos dedos dos pés? Então, muito gentil e lentamente, massageie a cabeça, o pescoço, o peito, os braços, as pernas e os pés – de modo a sentir um fluir quente de energia em cada célula. Desse modo, deixe o corpo relaxar-se completamente.

No princípio, é conveniente concentrar-se em determinada área, como a cabeça. Na maior parte do tempo a nossa cabeça anda mais ocupada do que o resto do corpo, e os sentimentos tendem a obstruir e a apertar o pescoço, os ombros e os músculos faciais – por isso, comece massageando a cabeça e sinta a energia deslocar-se através de todo o seu corpo. Durante a massagem, é melhor não se preocupar em saber se o sentimento é bom ou mau – limite-se a senti-lo. É importante que todos os seus músculos estejam o mais soltos possível. Por isso, ao massagear o corpo, pergunte a si mesmo: "Existe algum retesamento, alguma tensão muscular?" Se existir, preste uma atenção especial às áreas tensas até você conseguir, pouco a pouco, relaxar todas as partes do seu corpo. Depois, demore-se a escutar o seu corpo em silêncio; onde quer que a energia esteja bloqueada ou haja tensão ou dor, deixe que tudo se solte e relaxe.

Agora relaxe o seu respirar para que a sua respiração se torne calma e inconsciente de si mesma. Respire fundo algumas vezes – aspire lenta e profundamente; depois, retenha a respiração por um momento, em completo silêncio e, por fim, expire com muita calma e suavidade, tanto pela boca como pelo nariz. Sinta a energia circular pela sua corrente sangüínea e, com muita gentileza, observe seus sentimentos. Você não precisa concentrar-se na respiração – deixe estar o sentimento e deixe que a sua consciência vivencie esse sentimento. Se você ignorar a sua respiração, ela se tornará naturalmente relaxada e quieta, e a energia do seu corpo despertará com sentimentos muito sutis, quentes, sensíveis – como se o sol estivesse brilhando sobre o seu corpo.

Quando conseguir ficar bem quieto e relaxado, uma sensação de calor subirá de dentro. Todo o corpo estará alerta, e você se sentirá quase vazio, como se o próprio corpo estivesse sumindo gradualmente; o peso e a solidez já não se encontram ali, mas apenas um sentimento muito aberto e silencioso de vastidão que se expande. Não há instruções de que precise lembrar-se, não há concentração — você é apenas uma parte dessa vasta abertura. Quanto mais quieto você se tornar, mais energia sentirá. Dessa maneira, você pode vivenciar o seu corpo como um espaço aberto, e viver dentro desse sentimento. Expanda quanto puder essa energia sensível, sem fazer comentários sobre ela e sem querer interpretá-la. Quando você exercita essa expansão, o próprio espaço está se exercitando, perfeitamente equilibrado — como um desenho de precisão ou uma bela obra de arte.

Assim que você toca o sentimento interior, você esquece o corpo e a respiração. Você pode, na verdade, *tornar-se* esse sentimento e depois pode expandi-lo, como se você estivesse acabando de deixar o ventre materno... esse sentimento pode ser quase ilimitado. Depois ainda, nada mais parece existir — apenas essa experiência sensível. Você pode existir plenamente no interior da energia, de modo que, aonde quer que o sentimento o conduza, você se limita a segui-lo... mais além, mais além, como as ondazinhas provocadas pela queda de uma pedra, que se espalham até cobrir toda a superfície do lago. Desse modo, você se torna completamente silencioso — suas células, sua energia, sua respiração e sua percepção.

Por fim, relaxe a mente. Porque nossos diálogos interiores projetam constantemente interpretações, conceitos e julgamentos, a mente costuma estar muito agitada e nervosa. Preste atenção aos movimentos da sua mente, sem seguir nenhum pensamento em particular e sem executar nenhuma ação específica. Não tente concentrar-se com muita força. A percepção já está lá, mas ela não se detém em nenhum lugar particular; a percepção não se agarra a "coisa" alguma. Por isso, limite-se a vivenciar o sentimento imediato — uma espécie de "energia sensível". Quando você se agarra a julgamentos e a pensamentos, você pode vivenciar os sentimentos como parte da sua atividade mental, como nadar no meio do oceano; nada haverá em sua consciência exceto o sentimento total.

No princípio, você poderá pensar que está apenas imaginando essa energia mas, quanto mais se familiarizar com ela, tanto mais poderá dirigi-la. Depois de algum tempo, você a vivenciará como uma espécie de calor ou entusiasmo — finalmente como um sentimento de amor profundo e de alegria. Essa energia refresca a sua consciência e modifica os seus padrões de pensamento. Seu pensamento torna-se cada vez mais equilibrado, e a energia se eleva e circula mais livremente através de todo o seu sistema.

Você pode expandir esse relaxamento até dentro do pensamento. Procure reter um pensamento isolado e, depois, expanda-o; atinja o interior desse pensamento. Expanda-o e amplie-o... sem julgá-lo, sem rotulá-lo... e sem segurá-lo, como se se tratasse de um sujeito ou de um objeto. O sentimento de energia subsistirá, mas sem discriminação nem limitações

53

conceituais. Assim que você tiver tocado ou vivenciado esse sentimento mais profundo, então você pode trazê-lo para cada pensamento e para cada experiência.

Dessa maneira, podemos aprender como expandir a percepção. Em primeiro lugar, no nível físico, através de massagem e exercícios físicos; em segundo lugar, no nível mental, através da respiração e da vivência desses sentimentos de uma forma mais profunda; e, em terceiro lugar, no nível da percepção sutil, através da experiência direta. Quando provamos esse sentimento, descobrimos que o próprio sentimento se tornou infinito!

Assim sendo, toda vez que tivermos um bom sentimento, devemos expandi-lo; não devemos perder a qualidade desses sentimentos, visto que a alegria, o amor e a beleza são satisfatórios e completos. Por exemplo, temos belos sentimentos quando pensamos em fazer amor; se expandirmos esse sentimento e o tocarmos profundamente, ele durará por muito mais tempo. Usualmente, quando nos sentimos felizes e alegres, e vivenciamos sensações agradáveis, tentamos preservar o sentimento agarrando o pensamento. No entanto, esse sentimento maior, expandido, é muito mais vasto que o pensamento, e assim o limitamos ao tentar abrangê-lo com pensamentos.

No princípio, o contacto físico — como o que se verifica através da massagem — é importante, mas depois o corpo físico se torna quase simbólico, pois a experiência sensível continua a expandir-se para além do corpo. Se pudermos reter essa experiência, então conheceremos que não se trata apenas de imaginação — a experiência está efetivamente acontecendo! Este é um nível muito mais sutil de percepção mais elevada que possui uma qualidade extática — não existe tanto sentimento, apenas percepção. Mais tarde podemos integrar esse sentimento ou percepção no corpo físico. Mas, repetimos, a experiência sensível não é apenas física — ela se torna uma experiência totalmente abrangente. Depois que o corpo está bem calmo e descansado, podemos descobrir experiências e compreensões que antes mal poderíamos imaginar... sem palavras, sem conceitos... semelhante ao conhecimento puro.

Nesse nível mais elevado de percepção, os belos sentimentos, à semelhança de uma massagem interior, duplicam-se espontaneamente, como as ondas do oceano quando se erguem e tombam. Ao encontrar esse lugar em nossa prática, podemos exercitar e esticar esse sentimento. Esse sentimento de expansão é muito mais poderoso do que a sensação física da alegria — é profundo, vasto, infinito. Nossos corpos e respiração sentir-se-ão muito pequenos, mas a nossas mentes vivenciarão — sem palavras ou conceitos — muitos tons e qualidades diferentes, belas imagens e até sutilezas mais profundas. A primeira espécie de alegria que surge é inocente, como a alegria de uma criança. Ela se expande para sentimentos de felicidade, depois surgem várias sensações físicas e mentais e, mais tarde, passa a ser quase avassaladora.

À proporção que desenvolvemos essa experiência formosa e equilibrada, podemos descobrir que ela se acha muito próxima do que se denomina, às vezes, "experiência mística". É difícil dizer se essa energia é "física" ou "mental", mas todos os organismos vivos compartem da sua padronização característica — dessa energia pura. Está sempre ali, ainda que, costumeiramente, não saibamos como contactá-la. Muitas vezes precisamos de certas condições — um lugar tranqüilo, uma dieta leve, ou exercícios psicológicos — a fim de estabelecer contacto com essa energia. Mas depois que provamos essa experiência e a *sentimos* diretamente, podemos trazer de volta essa memória à nossa percepção e descobrir em toda parte essa energia pura ou esse puro conhecimento.

CORPO, RESPIRAÇÃO E MENTE

*A fim de desenvolver uma percepção mais elevada,
precisamos integrar o corpo, a respiração e a mente.*

Geralmente pensamos no corpo como se se tratasse apenas de uma entidade física composta de pele, ossos, músculos e órgãos internos; mas estes, por sua vez, são divididos sucessivamente em células, moléculas e átomos. Quando investigamos a natureza do átomo, encontramos certas forças que o mantêm unido. Quando atentamos melhor para o próprio corpo, podemos observar forças indefiníveis ou padrões de energia semelhantes.

No interior do corpo, num nível muito fino e sutil, cada célula ou cada átomo tem uma espécie de energia nuclear, que é idêntica à energia encontrada no campo, fora do corpo. Falando de um modo relativo, não podemos dizer que o corpo é como o "espaço", porque a nossa estrutura física parece bem sólida. No sentido fundamental, porém, o espaço que existe *fora* do corpo e o espaço que o corpo *ocupa* não são separados. Esse espaço total forma uma unidade natural, como a água que flui para dentro da água.

Em certas ocasiões, quando estamos muito relaxados, as energias positivas aumentam, de modo que podemos realmente "sentir" o espaço interno e o espaço externo tornaram-se um só, como se o nosso corpo estivesse ficando para trás... perdemos a impressão de solidez. A sensação de unicidade resultante é muito importante, pois quando o corpo está completamente solto e relaxado, a energia dentro de nossas células começa a fluir suave e naturalmente através de todo o nosso sistema, sem qualquer manipulação nem esforço extraordinário da nossa parte. Essa energia manifesta-se como equilíbrio, alegria ou até amor.

Ao desenvolver o relaxamento, podemos concentrar-nos numa sensação particular como, por exemplo, a calma física — depois expandir essa sensação gradativamente, de modo que ela se estende para fora e para dentro, além do corpo físico. Podemos concentrar-nos só na imobilidade do nosso corpo, ou só na nossa respiração, ou no silenciar dos nossos pensamentos. E, à medida que expandimos essa sensação de silêncio interior, podemos sentir a energia circular através e além do nosso corpo físico.

Essa energia tem três elementos que, juntos, formam o "padrão" básico de nossas vidas. Nossas atitudes e atos dependem da maneira com que esses três elementos estão equilibrados; nossa saúde, felicidade e até a extensão de nossas vidas também dependem desse mesmo equilíbrio.

O primeiro elemento é a estrutura física ou "padrão do corpo", através da qual flui a energia. Ao segundo damos o nome de "respiração" — embora não se trate apenas do respirar. Ele possui uma qualidade de mobilidade; é um tipo de energia que se move, que flui. O terceiro elemento é a "energia do corpo sutil", que é mais indefinível do que a própria respiração. Todos esses três elementos estão inseparavelmente ligados entre si e não podem funcionar separados. Não obstante, cada um deles tem características e qualidades específicas. Juntos, eles criam a estrutura básica do corpo físico, combinando-se de uma forma complexa e misteriosa para criar o que denominamos vida. De certo modo, eles podem ser equiparados ao corpo, à respiração e à mente; mas são muito mais do que o que costumamos compreender por esses termos.

O "padrão do corpo", a estrutura física através da qual flui a energia, é mais do que um simples "corpo". A energia mental de nossas atitudes e atos cria certa "atmosfera", que se acumula ao nosso redor em níveis que se situam além da nossa substância física — isto, às vezes, é chamado de corpo "sutil" ou "etérico". Ainda que, de hábito, ele não possa ser visto, faz sempre parte de nós. Podemos comparar o corpo "sutil" à atmosfera superior da terra, que é uma continuação da atmosfera inferior, mas feita de elementos diferentes e com uma qualidade diferente.

"Respirar" é muito mais do que o nosso conceito costumeiro de respiração; está ligado a outros fluxos de energia e sua qualidade se modifica de acordo com o nosso estado emocional. Quando respiramos de maneira demasiado superficial, ou quando o fazemos de maneira demasiado pesada, afetamos o resto do nosso sistema; quando equilibramos nossa respiração — equilibrando nossas emoções — o corpo e a mente se tornam igualmente equilibrados. A respiração é como uma ponte que liga o corpo à mente.

A "energia do corpo sutil" pode ser equiparada à mente, mas não à mente como a conhecemos. Por via de regra, a mente formula experiências em pensamentos e conceitos, em sujeito e objeto. Mas há outra maneira de vivenciar que não cria esse dualismo. Quando a mente está equilibrada, não há tempo, não há consciência, não há percepção *de;* há apenas uma energia muito especial, que está sempre presente.

O "padrão do corpo", a "respiração" e a "energia do corpo sutil" estão entreligados com os quatro centros do corpo — a cabeça, a garganta, o coração e o umbigo. O "corpo" está ligado com o centro do umbigo, a "respiração" com o centro da garganta, e a "mente" com o centro da cabeça. O corpo, a respiração e a mente estão todos juntos e integrados no coração.

Cada um dos centros do corpo funciona em muitos níveis. Nas ocasiões em que o nosso coração está aberto e nossa mente não se acha apenas envolvida num processo intelectual, nossa energia se desloca para os níveis mais profundos e, gradualmente, para a percepção intrínseca — para um estado de equilíbrio que é uma das mais altas experiências humanas. Essa percepção é sentida não só no coração, mas também na mente.

Cada centro do corpo é capaz de vibrar com energia positiva, como, por exemplo, a afabilidade, o amor e a compaixão. Cada centro é também capaz de provocar um desassossego muito deprimente e confuso, ou uma estagnação.

Quando os três elementos ou energias atravessam os centros, produzem-se certas condições ou atitudes – moléstias físicas, bloqueios mentais, distúrbios emocionais... ou sensações de leveza, radiância e abertura total. Os padrões básicos do nosso funcionamento físico determinam o modo com que a energia flui através desses centros sutilíssimos e são por ela determinados. Toda vez que estamos doentes, desequilibrados ou acossados por sentimentos negativos, estes são sempre indicados pelo *padrão*, pelo *movimento* e pela *essência* da energia no interior do corpo. Por conseguinte, para ser saudáveis, devemos aprender como equilibrar o nosso corpo, a nossa respiração e a nossa mente.

Podemos equilibrar-nos e ajudar a curar-nos pela concentração em várias partes do nosso corpo. Essas práticas de concentração são simples, porém bem específicas. Quando o nosso corpo não está equilibrado ou a nossa energia física está sendo bloqueada, quando estamos doentes ou com medo, convém que nos concentremos no estômago, num ponto que se situa abaixo do umbigo.

Quando nos estivermos sentindo sós, separados das outras pessoas, ou quando desejamos desenvolver compaixão ou alegria, podemos concentrar-nos no centro do coração. Para desenvolver o equilíbrio emocional ou superar o nervosismo, os desejos ou as insatisfações, precisamos concentrar-nos no centro da garganta. E, visto que os centros estão interligados uns aos outros, quanto mais nos concentrarmos na garganta, tanto mais o coração se tornará equilibrado.

Quando a nossa percepção mental ou a nossa consciência não é forte nem bem focalizada, quando nos sentimos imersos em devaneios, perdidos ou presos pela mente dualística, precisamos concentrar-nos no topo da cabeça ou no ponto da testa entre os olhos. Se desejarmos desenvolver a generosidade ou a lucidez mental, convém que nos concentremos no centro da cabeça.

Visto que o corpo, a respiração e a mente se equilibram todos no centro do coração, é ali que devemos desenvolver uma abertura maior. Basicamente, se o centro do coração se torna mais aberto, é muito fácil para o corpo e a mente funcionarem bem juntos e se suportarem e apreciarem mutuamente.

Quando focalizarmos áreas específicas do corpo, podemos examinar os diferentes sentimentos ou tons que surgem, e podemos ver qual é a área mais forte e qual a mais fraca. Isso nos ajudará a determinar a forma de trabalhar com a nossa energia. Quando, por exemplo, uma área está muito apertada ou comprimida, podemos focalizar ali a nossa energia e tentar relaxar-nos e afrouxar a tensão. Ou, se outra área estiver particularmente ativa ou muito monótona, podemos trabalhar para afastar dessa área a energia ou para levá-la até lá. Podemos trabalhar com essa energia de muitas maneiras, mas isso já deve dar uma idéia do que está envolvido.

Em vários momentos, os exercícios físicos podem ajudar a equilibrar e a revitalizar corpo, respiração e mente; mas se esses exercícios forem feitos de maneira apenas mecânica, ou se nos deixarmos fascinar por determinado método, nossa abertura e nosso crescimento poderão correr o risco de um estreitamento de oportunidades e perspectiva. Além disso, nem todas as técnicas são apropriadas a todos, de modo que é importante ter uma orientação adequada na escolha dos melhores métodos para praticar e do tempo em que esses exercícios devem ser praticados.

Essas práticas e exercícios são úteis para integrar-nos e para desenvolver a percepção superior. Ajudam a liberar um fluxo de energia através do nosso corpo; essa energia enriquece os nossos sentidos, acalma a nossa mente inquieta e nos proporciona paz e equilíbrio.

CURANDO ATRAVÉS DA
ENERGIA POSITIVA

Quando emoções e atitudes positivas ou alegres
atravessam cada órgão e circulam por todo o nosso sistema,
nossas energias físicas e químicas são transformadas e equilibradas.

Nosso corpo e nossa mente interagem constantemente: quase tudo o que chega à mente passa pelos sentidos – e a maior parte dos nossos sentimentos, conquanto vivenciada de uma forma física, é interpretada de uma forma mental. Quando esse inter-relacionamento do corpo e da mente carece de equilíbrio e as sensações não fluem de um modo suave através do corpo, cria-se a tensão, dando origem a emoções negativas, que podem causar enfermidades físicas ou mentais.

A fim de desenvolver e manter a saúde e o equilíbrio, é importante tratar o corpo e a mente como um sistema integrado. Para fazê-lo, convém observar com cuidado o relacionamento recíproco entre eles, e aprender como funciona esse inter-relacionamento.

A mente se relaciona com os sentidos, que se relacionam com o corpo, que se relaciona com o mundo. Cada um deles conduz ao outro. Cada qual tem seu padrão próprio e, juntos, todos agem e interagem muito depressa, mas cada processo também segue canais específicos. Quando os sentidos transmitem informações à mente, esta começa a tomar decisões, que envolvem julgamentos, conceitos e dualidades, que criam então separação e conflito. Por conseguinte, assim que principia esse processo, inicia-se automaticamente o conflito – conflito no interior da própria mente, conflito entre o corpo e a mente, conflito entre os sentidos e a mente... primeiro interna, depois externamente.

Certos sentimentos são mais fortes em algumas áreas do corpo do que em outras, e variam de intensidade em diferentes ocasiões – de modo que, a princípio, importa localizar com precisão a *área* e determinar a *intensidade* do sentimento. De ordinário, contudo, os sentimentos se acumulam como poeira e se misturam de tal modo uns aos outros que não podemos separá-los. Os sentimentos podem ser positivos, negativos ou neutros e, às vezes, os sentimentos podem surgir sem nenhuma causa racional aparente. Dir-se-iam resíduos ocultos que se foram acumulando há muito tempo no corpo físico; não podemos predizer quando eles entrarão em erupção.

Quando a nossa percepção não é suficientemente desenvolvida, os nossos sentidos, muitas vezes, nem sequer registram as impressões recebidas — que se limitam a flutuar e a fugir como letras desenhadas na água móvel. Podemos, todavia, desenvolver conscientemente nossa sensibilidade — o que fará com que a nossa percepção também se aprimore. Por exemplo, quando nos exercitamos nesse sentido, podemos ver nos olhos de outra pessoa se ela é equilibrada fisicamente e mentalmente.

Devemos começar, porém, examinando com cuidado nossos próprios pensamentos e sentimentos. Quando observamos a nossa mente, vemos um fluxo quase ilimitado de imagens e conceitos, e esse fluxo, por si mesmo, indica um estado negativo, desequilibrado. Pois toda vez que nos envolvemos em classificar ou interpretar, a mente se separa da experiência e faz que sejamos apanhados numa progressão interminável de pensamentos. Logo que surge, um pensamento ou imagem conduz a outro, que pode ser interpretado ou associado a um terceiro; e essa cadeia é muito difícil de quebrar. De modo que nossas mentes se vêem apanhadas em contínuo movimento, e não lhes é dada oportunidade para descansar e reabastecer-se de energia. Resultado: nosso corpo e nossa mente ficam exaustos e as agitações mentais se acumulam.

Se observarmos o processo com mais atenção, veremos que, logo que os nossos sentidos percebem um objeto, a primeira tendência é agarrar esse objeto. Isso leva a um novo desejo e a um novo apego e faz com que nos fixemos em determinados padrões de comportamento. Toda vez que a mente se move em direção a um objeto, perdemos energia — conquanto essa perda seja, às vezes, difícil de perceber, porque o grau dessa perda depende da intensidade da situação. Quando o esgotamento da energia se torna muito acentuado, perdemos o nosso equilíbrio, e os sentimentos negativos, que tanto podem afetar nossos sentimentos e impressões, surgem então facilmente. Quando estamos, por exemplo, tristes ou deprimidos, e ouvimos uma música bonita, muitas vezes não podemos apreciá-la; quando nos oferecem uma comida deliciosa, não podemos saboreá-la.

Há momentos em que a tensão das nossas preocupações e temores, das nossas lembranças e fantasias, constringe a nossa energia a ponto de fazer-nos causar dano ao nosso próprio corpo ou mente. Podemos perder de tal maneira o contacto com nós mesmos que o nosso corpo não toma conhecimento da nossa mente e a nossa mente não toma conhecimento dos nossos corpos. Assim, embora nossas dificuldades mentais e físicas sejam, na realidade, causadas por um desequilíbrio do nosso sistema, tendemos a atribuir a culpa dessas dificuldades a influências externas. Suprimimos ou rejeitamos os nossos sintomas, e assim nos tratamos como objetos, ou como nossos próprios inimigos.

Depois que aprendemos a relaxar-nos e a assumir uma atitude positiva, podemos romper através desse estado de estagnação interior, de sorte que a energia se vê livre para fluir natural e harmoniosamente. Nos Himalaias, os carregadores transportam mais de cinqüenta quilos de peso — dia e noite — subindo e descendo montanhas. Quando a bagagem é finalmente erguida das suas costas, o passo deles torna-se leve e fácil. Da mesma forma, quando desenvolvemos energia positiva, a percepção interior resultante alivia o nosso fardo psicológico; e principiamos a sentir-nos leves e alegres. Quando aprendemos a acalmar e a integrar o corpo, a respiração e a mente, todo o nosso sistema se carrega de energia e de saúde.

O processo de autocura necessita de uma base vigorosa, feita de relaxamento, alegria, amor e compaixão. Precisamos relaxar o corpo, equilibrar as emoções e afastar a nossa energia dos pensamentos negativos e dirigi-la para os pensamentos positivos. Podemos, então, começar a afrouxar as nossas coações — a nossa ansiedade, a nossa tensão, a nossa preocupação e o nosso medo. À proporção que ficamos mais abertos, experimentamos um sentido de libertação e a energia está livre para fluir dentro de nós. Há outros métodos específicos que podemos empregar na cura, tais como concentração, mantra, visualização e vários exercícios físicos e mentais; mas o processo fundamental é relaxar-nos e equilibrar a nossa energia.

Quando você estiver num estado muito emocional ou altamente excitável, sente-se e respire de uma forma suave e delicada. Não dê atenção às suas emoções, mas simplesmente acompanhe e siga a sua respiração e o ritmo dela. Esse ir atrás da sensação de sua respiração fluindo através do seu corpo pode ajudá-lo a acalmar e a curar o corpo e a mente.

Quando você tiver um bloqueio físico ou emocional, reflita numa lembrança alegre ou visualize um formoso jardim; imagine o que quer que lhe agrade e que o faça feliz. Fazendo assim, sua mente e seu corpo naturalmente se tornarão mais lentos e relaxados. Através do relaxamento você pode começar a selecionar seus sentimentos e emoções e a trabalhar com eles e vê-los erguer-se e cair como ondas no oceano. A sua tensão e o aperto se afrouxarão, e você se tornará calmo e pacífico.

Essas duas práticas simples de relaxamento o ajudarão a conseguir a integração do seu corpo, da sua mente e dos seus sentidos, de modo que possam funcionar juntos de maneira harmoniosa. Essa integração do corpo e da mente é uma condição essencial de saúde e felicidade.

Portanto, à semelhança de um dique que precisa ser construído na estação seca a fim de oferecer proteção durante a estação das cheias, precisamos preparar suficientemente a nossa percepção para não sermos levados pela correnteza quando surgirem as emoções. Se, então, tivermos acalmado as nossas emoções e ansiedades, poderemos deixar para trás modelos desnecessários ou artificiais de comportamento e relacionar-nos de um modo mais direto com a nossa experiência imediata; nessas circunstâncias, podemos tornar-nos ligados à terra. Torna-se claro, então, o que é realmente valioso para as nossas vidas; nossa confusão diminui e os nossos padrões de vida adquirem uma qualidade mais salutar e mais significativa. Depois que tivermos aprendido a acalmar as nossas mentes, tornar-se-á possível a vitalidade mental e física, assim como a saúde e o equilíbrio.

Nos dias atuais, entretanto, quase todos dependemos de meios externos ou artificiais para manter-nos saudáveis e livres da dor. Quando, porém, devolvemos a nós mesmos o nosso equilíbrio, de modo que a energia flua suavemente, tanto o nosso corpo quanto a nossa mente possuem os recursos que lhes permitem proteger-se. A cura da enfermidade está dentro de nós — visto que o estado natural é o equilíbrio.

Nós mesmos somos o remédio para restaurar esse equilíbrio interior, porque o nosso corpo todo, em essência, é um universo. Do ponto de vista químico, todo o nosso sistema é auto-suficiente — podemos abrir-nos para as energias positivas e canalizá-las através do corpo. Tudo o de que precisamos está unicamente ali — ali está a prescrição; ali está o remédio. À proporção que desenvolvemos essas energias positivas, elas aprimoram o nosso corpo e o transformam em canais saudáveis, claros e abertos. A partir de então, sejam as experiências positivas ou negativas, permanecermos equilibrados.

Através do processo de desenvolvimento dessas energias, os níveis da nossa experiência transcendem o plano físico; no final de contas, poderemos até vivenciar a mente e a matéria como se fossem uma e a mesma coisa. Esse conceito é muito semelhante, em caráter, ao infinito, visto que a energia pura é experimentada em toda parte.

Esses níveis estão sempre presentes e, como se fossem amigos íntimos, eles são sempre acessíveis a nós. Tendo-o compreendido, podemos usar construtivamente cada situação que se oferece, e a tendência para sermos apanhados pelas emoções negativas diminui. Começamos a viver sem ambições, sem desejo ou apego — e, dessa maneira, não desenvolvemos novos padrões capazes de prender-nos. A própria energia positiva, por si mesma, transforma-se em tratamento e ocorre naturalmente um processo de autocura. Os bloqueios físicos, que causam inúmeros problemas psicossomáticos, começam a dissolver-se e, quando o corpo se torna saudável, renovado e limpo de venenos, a mente também se mostra clara e luminosa.

Aprendemos a utilizar a nossa energia e a tirar proveito dela vivendo dentro da nossa experiência presente. Depois de adquirirmos o domínio da energia sutil, podemos distribuí-la ao corpo físico, ao corpo emocional e ao corpo psíquico. Estimulando e dirigindo sentimentos positivos, alegres, podemos modificar a essência dos nossos padrões interiores e da nossa experiência. Quando sentimentos e atitudes positivos ou alegres passam através de cada órgão e circulam através de todo o nosso sistema, nossas energias físicas e químicas se transformam e equilibram. Em outras palavras, *temos a oportunidade de recriar o nosso corpo através da energia positiva.*

Terceira Parte

MEDITAÇÃO

DESDOBRANDO A MEDITAÇÃO

*À medida que vivenciamos esse nível mais profundo
de meditação, descobrimos que
a natureza da mente é meditação,
e isso, por si só, é
a experiência iluminada.*

Quase todas as disciplinas espirituais praticam alguma forma de meditação. Comumente, a meditação é vista como uma forma de pensamento usada em combinação com palavras, imagens ou conceitos. Meditar, porém, não é pensar *a respeito de* alguma coisa. A experiência meditativa pode parecer subjetiva — a *minha* consciência, a *minha* percepção. Mas quando olhamos com mais atenção o estado de meditação, descobrimos que a percepção não é subjetiva nem objetiva; tampouco pode ser analisada do ponto de vista conceitual. A percepção é uma abertura natural, que ocorre quando se deixa a mente funcionar livremente por conta própria — sem interrupções, distrações ou expectativas.

A percepção meditativa é como o espaço completamente aberto. Mas não o espaço tal e qual costumamos compreendê-lo, porque a percepção não é um lugar, nem tem forma ou formato determinados. Esse espaço tampouco se situa fora do corpo ou dentro da mente. Não sendo mental nem físico, é, contudo, ao mesmo tempo, um sentido profundo e integrado de quietude, abertura e equilíbrio — que é a experiência da própria meditação.

Tradicionalmente, o início da meditação envolve certas práticas como uma concentração intensa, a visualização de várias imagens ou o canto de mantras. Os mestres enfatizam práticas diferentes, de acordo com as necessidades do aluno. Um mestre, por exemplo, pode dizer a um aluno que vá sozinho para um lugar tranquilo e fique em absoluto silêncio durante meia hora ou quarenta e cinco minutos, e pode determinar a outro que vá para as montanhas ou a beira-mar e cante em voz bem alta. Um terceiro aluno pode ser induzido pelo mestre a olhar para o céu e simplesmente abrir-se. A outros ainda podem ser recomendadas práticas devocionais ou rituais.

De um modo geral, entretanto, a nossa prática deve ser qualquer uma que nos acalme e relaxe — o que quer que funcione melhor para o desenvolvimento da quietude e da concentração. A meditação ajuda-nos a ser calmos e felizes... a gozar a vida, a ser alegres e a lidar eficientemente com os nossos problemas, tanto físicos quanto mentais. Nossas vidas se equilibram quando somos capazes de integrar a nossa experiência com a nossa meditação. Podemos incluir nela a nossa jovialidade e a nossa felicidade, bem como a nossa cólera, o nosso ressentimento, a nossa frustração e a nossa infelicidade... todas as emoções que experimentamos no transcorrer do dia. Nós podemos dirigir todas as nossas emoções para o relaxamento e para a calma da meditação.

No princípio, a meditação parece simples — permanecer quieto, imóvel, calmo e relaxado e, talvez, seguir instruções específicas. Gradualmente, porém, à proporção que aprimoramos a nossa meditação, compreendemos que a meditação supõe muito mais que o simples relaxar-se e lidar com os nossos pensamentos e emoções. Na realidade, a meditação é um processo de busca da verdade ou da compreensão, uma tentativa de descobrir a natureza da existência e da mente humana. Para conseguir esse conhecimento temos de aprofundar-nos muito na meditação, e descobrir quem realmente somos.

Dito isso, como é que você medita? Primeiro que tudo, o corpo deve estar totalmente imóvel, muito quieto. Relaxe fisicamente os músculos e deixe esvaírem-se todas as suas tensões. A seguir, sente-se numa posição confortável e fique totalmente quieto, sem fazer nenhum movimento. Respire de maneira muito suave e delicada... aspire e expire devagar e mansamente. Relaxe-se do modo mais completo que lhe for possível, de sorte que todo o seu sistema nervoso se acalme. Em seguida, aquiete a mente; imobilize os pensamentos através do silêncio interior. Há várias maneiras de fazê-lo mas, como um número excessivo de instruções pode distrair a atenção, limite-se a relaxar muito naturalmente seu corpo, respiração e mente. O corpo se aquieta, a respiração se equilibra e a mente e os sentidos assumem um estado de calma, de muita calma. Nesse momento, você sente e goza profundamente o reviver dos seus sentidos. Você pode perceber que a meditação não é uma tarefa difícil, nem é algo estrangeiro ou importado — ela é uma parte da sua natureza.

Não há necessidade de tentar atingir algum objetivo, visto que essa tentativa passa a ser um obstáculo ao relaxamento. O esforçar-se em demasia, ou o tentar seguir um conjunto rígido de instruções podem causar problemas — pois se você envidar um esforço excessivo, pode se ver preso entre a obtenção e a não-obtenção de alguma coisa, fazendo relatórios internos a si mesmo enquanto tenta manter-se em silêncio. Quando você tenta vivenciar conceitualmente a "meditação perfeita", acaba criando conflitos internos ou diálogos interiores intermináveis.

Porque os conceitos são necessários à apresentação da meditação, desde o princípio, a pessoa que medita está separada da experiência. Mas quando você se envolve na verdadeira prática da meditação, descobre que ela vai muito além da conceitualização. Se continuar a relaxar e a acalmar a mente, verá, eventualmente, que não será necessário nenhum esforço para meditar.

Quando estiver apenas aprendendo a meditar, o melhor será vivenciar-se totalmente, sem rejeitar nem excluir parte alguma de si mesmo. Todos os seus pensamentos e sentimentos podem ser parte da sua meditação — você pode provar cada um deles e então, aos poucos, pode seguir adiante. Dessa forma, você pode começar a descobrir as várias e sutis camadas e estados da mente. A mente limita-se a observar o seu processo natural; todo pensamento, desejo e motivação é uma ajuda natural para esse tipo básico de meditação. No nível relativo, ainda existem distinções entre o bem e o mal, mas quando você chega ao estado de meditação já não percebe as discriminações relativas como definições acuradas da experiência. A meditação transcende o dualismo. O que quer que você vivencie pode ser visto como perfeito, pois a qualidade da perfeição reside no interior da sua mente, e não em algo externo.

Quando surgirem memórias ou desconfortos, você poderá sentir-se um tanto inquieto, mas esse sentimento passará se você não se apegar mentalmente a nenhum pensamento em particular. Permaneça muito solto e quieto e não pense "a respeito de" meditação. Aceite-se simplesmente. Você não está tentando *aprender* meditação; você *é* a meditação. Todo o seu corpo, respiração, pensamentos, sentidos e percepção — o seu ser total — são parte da meditação. Você não deve se preocupar com a possibilidade de perdê-la. Todo o seu campo de energia é uma parte da meditação, razão pela qual você não precisa seguir nenhuma instrução específica nem ter medo de passar por uma experiência particular.

Um famoso lama tibetano disse, certa vez, acerca da meditação: "A melhor água é a água da rocha". À medida que a água flui sobre as rochas, sua qualidade se aprimora e ela se purifica. De modo que a melhor meditação é a que é fluente e livre — sem nada onde possa segurar-se — pois quando agarramos uma posição, somos levados à imobilidade por esse agarramento. Como é mais bela a liberdade de fluir para os estados superiores de meditação! Quando perguntaram a outro mestre: "Quando o senhor se concentra, onde está a sua concentração?" ele respondeu que não havia sujeito, nem posição, nem meta.

À medida que vivenciamos o nível mais profundo de meditação, descobrimos que a natureza da mente *é* meditação. E esta, em si mesma, é a experiência iluminada, liberta de tudo e que, ao mesmo tempo, manifesta todos e tudo. Isso, em si mesmo, é libertação.

OBSERVANDO PENSAMENTOS

*Dentro do momento imediato, direto
e presente da experiência, não há nada
que você possa dizer, pensar ou rotular.*

Algumas meditações envolvem análise, ao passo que outras focalizam diretamente a experiência imediata — cada tipo abre áreas diferentes de percepção. A meditação analítica é sobretudo útil para desenvolver a concentração e a percepção. Entretanto, a compreensão analítica e a preparação mental só podem levar-nos até certo ponto, porque, num nível mais profundo, a própria idéia se detém. As idéias não podem funcionar sem palavras e conceitos, que são parte da mente racional; quando a "idéia" se detém, não resta mais nada além de uma espécie de certeza imediata baseada na realização da experiência. Deixando livre a mente intelectual, racional, entramos em contacto com uma energia mais profunda, mais sutil, que vivenciamos diretamente.

Alguns meditadores transcendem imediatamente pensamentos e emoções e seguem diretamente para a experiência da percepção meditativa. Outros, no entanto, devem analisar primeiro o que está envolvido nisso; o relacionamento que existe entre o meditador e a meditação, como se estabeleceu esse relacionamento, quem está observando, quem está interpretando a experiência. Quanto mais aguda for essa análise e quanto mais profundamente investigarmos, tanto mais depressa nos abriremos para a experiência da meditação. Cada pergunta formulada amplia a visão e diminui as dúvidas, as questões ou os problemas. Por conseguinte, uma vez terminada essa análise, a meditação passa a ser, muito naturalmente, espontânea, imediata, direta.

Um exercício inicial muito bom em meditação analítica é contar quantos pensamentos nos acodem no transcurso de uma hora. Tome nota dos seus por escrito e categorize-os em positivos, negativos ou neutros. Observe simplesmente quantos pensamentos passam pela sua cabeça numa hora, e continue a fazer isso todos os dias durante, pelo menos, uma semana. Depois pegue um pensamento específico e, retendo-o pelo maior tempo possível, pense nele. Pode ser qualquer pensamento, negativo ou positivo. Retenha-o pelo maior prazo que puder; não o deixe fugir. Em outras palavras, não deixe surgir um segundo pensamento — concentre-se num simples pensamento. Não tente julgá-lo, localizá-lo, nem ver como é, mas deixe-o, pura e simplesmente, *ser*. Quando esse pensamento estiver acabado, e aparecer outro, tente fazer a mesma coisa de novo... e de novo, e de novo tente averiguar, muitas vezes, por quanto tempo você consegue reter um pensamento. Faça isso quatro ou cinco vezes por dia.

Feito esse exercício, examine o seu relacionamento com o observador lá dentro, isto é, com aquele que está observando ou reconhecendo os seus pensamentos, conceitos e sentimentos. Quem está observando? Você poderá dizer que a sua "percepção" ou "intuição" é que está observando; ou que é a sua "consciência" ou "mente subjetiva"; ou a pessoa à qual você se refere quando usa as palavras "mim" ou "me", ou "ego" ou *self*. Mas de que modo esse "eu" se relaciona com o pensamento, e como é que eles trabalham juntos? Quais são as diferenças e conflitos entre esse "me" e a "mente"?

Em lugar de examinar tais coisas analiticamente, tente agora examiná-las experiencialmente. Quanto mais você observar a sua própria experiência, tanto mais você descobrirá respostas diretas para suas perguntas. Mas quando você não observa o pensamento com cuidado, você pode surpreender-se rotulando ou julgando a experiência. Quando isso acontecer, você não estará entrando em contacto com os níveis mais profundos e mais sutis da experiência, e então suas respostas serão um tanto quanto superficiais.

"Eu" sou o "sujeito" significa que "eu" percebo e vivencio imagens, sentimentos, idéias, memórias. Como estão ligados um ao outro esse "eu" e essa experiência? Se são os mesmos, como se dá que o "eu" os veja e vivencie? Se são diferentes, quais são as diferenças existentes entre eles? Visto que o "eu" tem uma "experiência" específica, esta é interpretada diretamente — sem palavras ou sem imagens — ou é rotulada e julgada?

No momento imediato da experiência, não há nada que você possa dizer, pensar ou rotular. Não há nada palpável que se possa pôr em palavras e conceitos — a experiência não está sequer ali! O que você pode descobrir é que a experiência se dissolve e, com ela, se dissolvem todos os seus problemas... e isso passa a ser meditação. Ou melhor, depois que todas as palavras, pensamentos e relacionamentos interiores se dissolverem, você permanecerá simplesmente na experiência — sem o experimentador — pelo tempo que quiser.

Não formule nenhuma idéia específica a respeito de como essa "experiência" deve ser; não pense nem mesmo que está meditando ou tendo uma experiência. Permita apenas que a experiência seja, sem se temer o que está acontecendo ou aconteceu; você não precisa relatar de novo a experiência a si mesmo, visto que já não subsiste nenhum eu. Se alguma palavra, alguma imagem ou algum conceito específicos surgirem e você pensar: "Isto é bom", ou "Agora estou vendo", ou ainda "Agora compreendo claramente", você precisará examinar o pensamento outra vez, até não ter nada para dizer, interpretar ou explicar.

Até os bons meditadores podem ter passado muitos anos meditando antes de libertar a mente da progressão incessante dos pensamentos. Nessas circunstâncias, poderemos poupar uma grande quantidade de tempo valioso recebendo instruções precisas e aprendendo a meditar com propriedade. Sem possuir, por exemplo, conhecimentos muito pormenorizados sobre a energia atômica, poderemos levar centenas de anos para produzir uma explosão. Mas depois de adquirirmos conhecimentos acurados sobre a energia atômica, provavelmente não teremos dificuldade alguma em produzir com rapidez uma reação nuclear.

A "fórmula" ou "caminho" secretos que conduzem à meditação mais elevada consiste em não identificar, em não assumir uma posição, em não se prender a coisa alguma durante a meditação. Quando conhecemos a maneira de entrar diretamente na meditação, podemos transcender de pronto o pensamento discursivo ordinário e, favorecidos por uma orientação adequada, podemos transmutar muitas vidas inteiras de carma negativo num espaço de tempo curtíssimo. Esse conhecimento "secreto" da meditação passa a ser uma fonte de inspiração capaz de sustentar-se a si própria. Ficamos simplesmente, deslocados do centro, sem sujeito, sem objeto, sem nada de permeio — nada que possa perturbar o nosso equilíbrio.

A meditação transcende o tempo, os sentidos e as possíveis relações entre sujeito e objeto. Transcendendo-os, a meditação leva-nos para além do nível intelectual ou racional da consciência. Seria como olhar através de uma tela: de um lado da consciência está toda a existência — pensamentos, emoções, negatividade e os nossos padrões de vida; do outro lado, um nível sutilíssimo de energia — um profundo estado de meditação.

TRANSFORMANDO ANSIEDADE

*Utilizando a qualidade de penetração
da atenção direta, podemos tornar-nos sensíveis
às nossas emoções antes que elas surjam,
e assim começar a romper nossos padrões de hábitos
e nosso apego a eles.*

A atenção está sempre à nossa disposição dentro de nós, dentro da nossa energia. Mas quando estamos emocionalmente distraídos e enredados, não temos a mínima idéia do que está acontecendo de fato em nós mesmos. Tudo pode parecer muito semelhante a um sonho, e podemos nos surpreender passando de uma conversação ou atividade para outra, mal-humorados e ansiosos ou, possivelmente, com um falso sentido de espontaneidade e de liberdade. Em outras ocasiões, vemo-nos pensando de contínuo no passado ou no futuro, ou lutando com "problemas" correntes — imperfeições, hesitações, autodecepções, temores, paixões e sentimentos de culpa — com as nossas energias de tal maneira colhidas numa variedade de emaranhados emocionais que nos sentimos confusos, gastos, tensos e ansiosos. Trabalhando com tais emoções em nossa meditação, podemos aprender a libertar-nos da sua influência.

As emoções podem não ter olhos, bocas ou estômagos, mas podem sugar as nossas energias, hipnotizar-nos e destruir o nosso estado natural de equilíbrio. As emoções têm o poder de atrair-nos para um reino artificial de sensação, capaz de obter o controle de nossas energias positivas. Parece que as pessoas *precisam* de emoções, como precisam de sal na comida. Mas as emoções são perigosas e instáveis, pois o que começa como prazer termina, não raro, em dor. E, quando estamos no meio de uma situação emocional, podemos ficar cegos pela dinâmica da situação, de modo que nossas impressões e perspectivas deixam de ser claras.

Uma das emoções mais difíceis de manipular é a ansiedade. À superfície, a ansiedade talvez não aparente ser um problema tão grande mas, no que diz respeito à nossa consciência humana, pode perturbar a nossa abertura meditativa de tal sorte que acabamos perdendo completamente o equilíbrio. Deixamos escapar oportunidades positivas através da perda de atenção; a ansiedade nos empurra e nos divide, criando separação, confusão e insatisfação. E quando não estamos atentos à nossa ansiedade, ela se torna cada vez mais difícil de controlar.

A necessidade de alguma coisa pode ser muito exigente. Sentimos continuamente a necessidade daquilo que pode satisfazer-*me*... meu ego, minha mente, meus sentimentos, meus sentidos. Nossa falta de confiança nos leva a sentir a necessidade de apoio ou de estímulo — da parte dos amigos, de percepções intelectuais ou de objetos materiais. Quando não recebemos esse contacto, podemos, às vezes, nos sentir tão sós e desamparados que a ansiedade drena toda a energia do nosso corpo. Depois que a energia se vai, nós nos sentimos vazios, deprimidos e até desesperados.

Dir-se-ia que o único jeito que conhecemos de buscar satisfação ou auto-realização é através de um ansiar sem fim. Embora consigamos, às vezes, satisfazer temporariamente os nossos desejos, a satisfação dura pouco, e só nos fica o desapontamento, o qual, por sua vez, nos conduz a uma ansiedade ainda maior. A maior parte dos seres humanos é assediada pelo desejo. O agarrar e o desejar são semelhantes a uma vela, cuja chama é a ansiedade. A palavra que se ajusta a essa contínua frustração, *samsara,* significa que estamos insatisfeitos e infelizes porque raramente conseguimos o que desejamos. Andamos sempre procurando — movendo-nos na direção do que está fora de nós.

Quando carecemos de confiança em nós mesmos, nossa vida se desenrola, dia após dia, com pouco significado ou valor. Compreendemos afinal que não podemos dar-nos ao luxo de passar a vida inteira numa gangorra de prazer e dor, e que a verdadeira realização provém da renúncia à ambição e do encontro do contentamento dentro de nós mesmos.

Seja qual for o aspecto de que se reveste a nossa vida à superfície, sempre existem problemas nos níveis mais profundos e mais sutis da consciência. São vários os métodos que podemos usar para trazê-los à tona; mas assim que pensamos haver resolvido um problema, surgem novas frustrações ou insatisfações. Seria como cavar na areia de uma praia — assim que tiramos um pouco d'água, nova quantidade de água aparece. Desse modo, continuamos emaranhados numa progressão interminável de problemas, soluções temporárias e novos problemas. Podemos aliviar um pouco a tensão superficial por meio de explosões emocionais — e, depois que estas cessam, podemos até sentir-nos um pouco mais leves ou relaxados. Mas isso é como as causas subjacentes não foram resolvidas, os mesmos problemas ou padrões continuarão ocorrendo.

Podemos decidir combater as forças negativas, mas o combate, muitas vezes, apenas perpetua as energias negativas e nos aliena ainda mais de nós mesmos. Até parece que, quanto mais combatemos a nossa negatividade, tanto mais forte ela se torna.

Por isso precisamos encontrar um enfoque positivo para lidar com os nossos problemas. Mas, primeiro que tudo, temos de compreender que a consciência não passa de uma coleção de padrões de hábitos. Por mais fixos ou persistentes que eles possam parecer, os padrões não são sólidos nem substanciais -- podemos mudá-los e dar-lhes nova configuração. As reações negativas criam forças que formam um padrão; mas esse padrão pode ser mudado. Depois de compreendermos o modo com que operam os padrões de hábitos no interior da mente, e depois de haver principiado o processo de despertar a atenção, a atenção penetra e transforma nossos problemas e obstáculos. Quando estamos atentos, em lugar de perder-nos em conflitos e de entregar-nos ao sofrimento, autocondenação ou melancolia auto-indulgente, podemos enxergar com rapidez e facilidade, através das nossas dificuldades e transformar a energia negativa em positiva. Isso demanda alguma prática mas, quando usamos a atenção intrínseca para aprender a ver e a mudar depressa as situações destrutivas, nossos problemas se esclarecem, e a paz e a luz começam a crescer dentro de nós.

Ao surgirem problemas na meditação ou na vida diária, quando somos demasiadamente emocionais ou estamos presos a um padrão de comportamento que nos faz sofrer, é chegado o momento de praticar a abertura e o equilíbrio e de despertar a atenção. Quando estamos muito tristes ou zangados, por exemplo, e nos concentramos adequadamente na emoção, olhando para ela com intensidade de cima e de baixo, e depois enfrentando-a diretamente, ela desaparece — porque vemos que, na verdade, não é "nada". Com a prática podemos equilibrar com presteza uma situação deprimente ou frustrante movendo a mente para trás e para a frente — fazendo-a feliz, fazendo-a triste, fazendo-a de novo feliz — e observando, durante o tempo todo, o que está acontecendo dentro de nós. Primeiro, podemos fazer alguma coisa positiva, depois alguma coisa negativa. Para começar, mude a mente para a depressão e chore de verdade. Logo em seguida, mude para o riso. Que são, na realidade, tais emoções? Por que devo ser controlado por esses estados mentais transitórios?

Esse exercício pode parecer quase esquizofrênico mas, à proporção que trabalhamos com ele, vamos descobrindo que ocorre uma mudança importante no interior da nossa consciência e na maneira com que olhamos para nós mesmos e para o mundo. A tristeza não é tão séria nem a felicidade tão frívola.

A vida se move e modifica muito mais depressa até do que há alguns anos atrás. Um sem-número de coisas emocionantes e fascinantes está acontecendo todos os dias − é tudo uma dança muito bonita, e cada situação, cada atividade e cada pensamento tem o seu lugar na nossa prática. Cada experiência pode ensinar-nos quanta tolice existe em sermos tão dramáticos e sérios − e que podemos transcender até as nossas dificuldades, pois nada é permanente.

Ao mesmo tempo, todavia, não é fácil pôr em prática essa compreensão. Estamos por tal modo atados a padrões negativos que podemos estar até fortalecendo nossas emoções negativas sem o saber. Quando estamos inconscientes, estamos tristes, deprimidos ou infelizes, somos como abelhas prisioneiras num jarro − elas voam, zumbindo, em padrões desassossegados, sem possibilidade de escapar. Entretanto, não estamos totalmente presos na armadilha. Nossos problemas emocionais e nossas atitudes negativas são, de algum modo, parte do nosso processo de aprendizagem.

Por meio da atenção, podemos tornar-nos sensíveis às nossas emoções à medida que elas surgem e, dessa forma, começar a quebrar nossos padrões emocionais e nossos apegos a eles. Quanto mais aumenta a nosssa atenção, de tanto mais tempo dispomos para a ação positiva; para a pessoa que tem percepção do que está acontecendo três semanas são o mesmo que três meses para a pessoa que a não tem. Quando nos lembramos de manter nosso corpo e nossa mente em harmonia com a nossa percepção, familiarizamo-nos com toda a mudança em nossos pensamentos e estados de espírito; e podemos lembrar-nos de levar a nossa percepção incontinênti para o meio de qualquer situação capaz de perturbar o nosso equilíbrio. Essa prática é como aprender a nadar; assim que aprendemos os primeiros movimentos, podemos, com a prática, aos poucos, ser capazes de nadar − não apenas por cinco ou dez minutos, mas pelo tempo que quisermos. De maneira semelhante, podemos desenvolver a meditação contínua se sustentarmos uma atitude aberta em quaisquer atividades em que estejamos envolvidos.

Porque a ansiedade, consciente ou inconscientemente, é a causa de muitos de nossos problemas, é importante lidar com ela assim que aparece. O melhor antídoto para a ansiedade é a meditação. Quando aprendemos a controlar as emoções através da meditação, tornamo-nos menos sobrecarregados de problemas; nosso corpo e nossa mente se imobilizam, e a ansiedade principia a dissolver-se num calmo relaxamento e quietude. Podemos então começar a trabalhar com nossos problemas diretamente, pois já não sentimos a necessidade de escapar-lhes. Afrouxam-se naturalmente nossas tensões e bloqueios. Dessa maneira, já não estamos presos num ciclo de desejos e ansiedades, e podemos desfrutar o viver no nosso corpo e na nossa mente. Esta é a primeira fase da meditação.

ALCANÇANDO CONFIANÇA INTERIOR

Depois que tivermos passado por um verdadeiro processo de autodescobrimento,
ninguém poderá roubar a nossa autoconfiança;
a inspiração vem de dentro,
e nós sabemos sem precisar que no-lo digam.

A confiança espiritual é mais difícil de atingir do que a temporal. Podemos aprender com facilidade a dirigir um automóvel, a consertar um aparador de grama ou a discorrer de maneira informativa sobre uma série de assuntos. Mas como podemos aprender a atingir a confiança interior? Não existem passos específicos que se possam seguir. Entretanto, utilizando a introvisão, a força e a confiança obtidas através da meditação, descobrimos naturalmente a verdade que está sempre dentro de nós. E quando nos tornamos mais confiantes em nossa experiência, começamos a ver que as crenças devocionais ou sentimentais não são tão importantes. Aprendemos a acreditar e a confiar em nós mesmos.

Quando olhamos para a nossa experiência comum com uma atitude aberta, livre de julgamentos ou de conceitos divisivos, vemos o "sujeito" e o "objeto" naturalmente como um só. Dessa maneira, o caminho espiritual se torna parte da nossa vida — e não apenas um ideal abstrato, reservado para ocasiões especiais. Quando a vivência da meditação faz realmente parte de nós, as qualidades espirituais expressam-se da forma natural em nossa vida diária, e podemos confiar de que a nossa atenção meditativa nos fará atravessar quaisquer situações que se nos deparem.

Depois que essa inspiração e autoconfiança passam a ser o nosso mestre, e depois que estabelecemos contacto com esse guia interior, podemos sempre depender da nossa experiência e compreensão, em lugar de depender do que está fora de nós. A nossa vida de todos os dias dá-nos a substância do nosso processo de aprendizagem. *Lá* está a matéria-prima — nossa carne, nossa respiração, nosso meio. Quando aprendemos a aceitar-nos e apreciar-nos sem egoísmo ou sem ficar agarrados ao ego, em vez de nos espojarmos na negatividade e na autocondenação, começamos a criar qualidades positivas – força, confiança e sensações de leveza interior. No entanto, embora o potencial de iluminação esteja sempre dentro de nós, poucos dentre nós a experimentamos. Estamos presos na armadilha da nossa mente dualística. As culturas e religiões tendem a ensinar uma visão dualística da existência, e para quase todos nós é difícil libertar-nos dos conceitos rígidos desses sistemas. Por força da nossa tendência básica para polarizar a experiência, esquecemo-nos de usar a nossa percepção em situações difíceis. Ficamos "ligados" a um problema e deixamo-lo controlar as nossas mentes, ou cuidamos ser preciso avaliar a situação. Gastamos tempo e energia. Entretanto, à medida que se aprofunda a nossa vivência na meditação, sentimos menor necessidade de discriminar e julgar. Começamos a transcender as nossas tendências dualísticas desenvolvendo estabilidade e equilíbrio, e compreendendo que a verdade espiritual se encontra em nós mesmos e em nossa vida cotidiana.

Podemos ter alguma idéia de que existe um lugar de compreensão final – mas o céu não está necessariamente em outro lugar. Está na natureza da nossa mente, que é alcançada por intermédio da meditação. Aceitamos simplesmente cada situação tal como se apresenta, e seguimos nossa orientação interior – nossa intuição, nosso próprio coração.

A fim de despertar a atenção e aperfeiçoar a nossa percepção, é útil examinar nossa auto-imagem e personalidade perguntando a nós mesmos: "Onde estou? Que estou fazendo?" Isso pode nos ajudar a permanecer "dentro" da meditação e pode aumentar nossa atenção às situações específicas em que nos encontramos. Pode arrancar-nos de diálogos mentais confusos e da construção de imagens e, desse modo, ajudar-nos a viver uma vida mais plena e mais significativa.

Para certificar-nos de que a nossa meditação ou percepção tem uma base-sólida, podemos verificá-la uma vez por outra. Quando estamos meditando num ambiente muito sossegado, nossa mente pode parecer muito positiva, calma e tranqüila – contudo, quando vamos para o mundo, para o lar ou para o trabalho, ou quando se nos deparam situações difíceis ou ameaçadoras, podemos descobrir que as emoções negativas ainda nos afetam vigorosamente. Mas, em lugar de evitar tais situações ou tentar esconder-nos delas, podemos aprender a recebê-las com agrado e utilizá-las – pois elas podem ajudar-nos a pôr à prova e a robustecer o *insight* e o poder da nossa meditação.

É até possível ter experiências máximas durante momentos de ansiedade, raiva ou ressentimento, pois a energia básica está lá, pronta para ser transformada. E assim como o potencial de realização é inerente às nossas mentes, assim também ele é inerente às próprias emoções. Esse potencial está em cada instante de nossas vidas e, através da meditação, podemos aprender a alcançá-lo.

Uma prática proveitosa é meditar igualmente sobre nossas emoções e sentimentos negativos e positivos — sem nos cingirmos ao que parece bom e sem evitar o que é doloroso. Dessa maneira, podemos descobrir e usar as qualidades positivas que existem até nas negatividades da nossa mente. Já não sentimos então a necessidade de identificar-nos com as nossas emoções ou de rejeitá-las; experimentamo-las diretamente, sem fazer discriminações entre elas. Por intermédio do desenvolvimento e do aprimoramento da nossa percepção, podemos transcender as emoções negativas; elas principiam a perder o seu império sobre nós, e nós começamos a sentir-nos mais leves e confiantes. Através dessas experiências, podemos até penetrar a natureza da realidade... e, nesses raros momento, podemos vivenciar uma grande alegria.

A constante atenção no que quer que estejamos fazendo é até mais importante do que a meditação formal ou a prática, pois quando estamos atentos a todos os momentos, nossa confiança e nosso equilíbrio aumentam. E eventualmente compreendemos o quanto são cruciais cada pensamento, cada palavra e cada ação, tanto para nós quanto para os outros.

À medida que estendemos esse conhecimento à nossa vida de todos os dias, podemos aprender a sustentar continuamente uma qualidade de abertura. Quando permanecemos abertos, alertas e atentos, nossas emoções e nossos problemas não são capazes de vencer-nos. Podemos permitir-lhes que surjam sem tentar agarrá-los e, nessas condições, já não somos apanhados em tempestades emocionais.

Assim como os cientistas põem à prova suas teorias em laboratórios, assim podemos pôr-nos à prova na vida diária. Quando nos sentimos equilibrados e satisfeitos e descobrimos que nossas mentes estão claras e nossos corações abertos, sabemos que estamos principiando a estabelecer contacto com a verdade dentro de nós mesmos.

Sustentar a nossa fé e a nossa confiança é uma das partes mais importantes do desenvolvimento de uma vida espiritual. Qualquer pessoa pode manter um interesse por um curto período de tempo, ou até por um ano ou dois; mas, quanto mais complexo e conflitante se torna o mundo, tanto mais difícil é sobreviver espiritualmente — sobreviver internamente — porque tudo parece tentar-nos com a intenção de afastar-nos da meditação e da calma interior, do nosso sentido de força interior e de sabedoria. Às vezes podemos nos sentir desalentados com a nossa prática da meditação e podemos pensar que estamos apenas desperdiçando tempo e energia; acreditamos que nada está acontecendo realmente e que devíamos simplesmente desistir de praticá-la. Mas é importante estar atento a cada ação, em cada situação, e animar-nos, pois até um pensamento negativo pode inverter a nossa direção. Cada momento tem o seu potencial de iluminação, mas cada momento tem também o seu potencial de destruição.

Quando o mundo parece entregar-se de contínuo a sensações e fascinações intermináveis, podemos proteger-nos, a nós e à nossa integridade, decidindo com firmeza orientar-nos para onde não nos possam afetar influências insalubres e enredantes. É muito importante ouvir nossa orientação interior em vez de deixar-nos influenciar por outras pessoas, pois podemos ser afastados com muita facilidade até das nossas mais vigorosas realizações e determinações de ação positiva. Assim sendo, cumpre-nos sustentar nossa dedicação inicial à verdade, aconteça o que acontecer − tempestades emocionais ou situações ameaçadoras. A pessoa que está comprometida com a verdade e com o conhecimento genuíno nunca desiste; sua tenacidade é um dos fundamentos mais importantes para descobrir a realidade.

Às vezes, até pessoas inteligentes são induzidas a seguir padrões alheios sem atentar para o que estão fazendo. Se isso nos acontecer poderemos, após algum tempo, perder a nossa autoconfiança original e o nosso equilíbrio, e poderemos até começar a sentir-nos como um verdadeiro fracasso. Depois que se manifesta essa fraqueza, nós nos tornamos vulneráveis a emoções negativas e a situações destrutivas, que ajudam a desiquilibrar-nos ainda mais, como uma infecção que se revela muito difícil de curar. Nossos conflitos psicológicos ficam tão entrincheirados que a nossa mente se põe a girar em círculos, sem parar.

Depois que rejeitamos nossa orientação interior, não é fácil encontrá-la de novo, porque nossos pontos de vista e motivações podem ter-se alterado. Assim, como uma pessoa que tacteia no escuro e encontra um guia seguro, depois de estabelecermos contacto com a nossa força e a nossa percepção, não devemos permitir que elas nos deixem. Isso é importante porque há momentos em que nos sentimos fracos ou especialmente vulneráveis. Nem sempre é fácil ter fé no nosso próprio julgamento mas, quando seguimos a verdade tal qual a compreendemos, aprendemos a confiar em nós mesmos e a gozar cada momento. Quando tivermos vivido a nossa vida dessa maneira, seremos capazes de olhar para trás e compreender o quanto aprendemos e fizemos, e quão felizes somos por haver logrado tanto conhecimento. Ainda agora, sabemos o suficiente para ter confiança em nós mesmos − e esta é uma fonte tremenda de orientação e de proteção.

Todos os dias podemos expandir a nossa abertura de modo que a percepção flua livre e naturalmente. Não precisamos de nenhuma outra preparação. Podemos tentar meditar por muitos anos sem êxito; com essa abertura, todavia, em muito pouco tempo poderemos aprender a meditar perfeitamente sem nenhuma dificuldade. Quando meditamos com essa abertura e deixamos todas as dúvidas e hesitações para trás, a nossa orientação interior leva-nos, automaticamente, para os ensinamentos que há lá dentro. Quanto mais se desenvolve a nossa percepção, tanto mais nos abrimos para a experiência mental espontânea.

Um dos meus professores explicou, certa vez, que grandes lutadores, como os samurais, aperfeiçoam cada movimento, cada gesto, antes de travar uma batalha, de modo que, ao enfrentar o inimigo, estão completamente preparados. Não têm dúvida alguma sobre a maneira de manobrar; já não pensam nisso. Limitam-se a fazê-lo, e cada movimento é automaticamente perfeito.

De forma semelhante, na meditação, enquanto não houver confiança total e ainda subsistirem dúvidas para dirimir, tudo é prática e preparação. Seja o que for que estivermos fazendo, podemos praticar mantendo-nos perceptivos, no espontâneo momento presente. Não há necessidade de perguntar, como é isso? O que é? Quem é? Aprendemos a meditar perfeitamente, sem restrições ou segundas intenções.

Podemos perguntar, então, por que precisamos de uma purificação física e mental preliminar e por que precisamos aprender técnicas específicas. Tais práticas são necessárias em vista da grande dificuldade de penetrar diretamente o "caminho secreto" da meditação. Entretanto, depois de termos compreendido a meditação, depois de encontrar a chave, podemos permanecer intuitivamente nesse estado de percepção, seja o que for que estivermos fazendo.

Depois que descobrimos para nós mesmos alguma coisa de valor, ela ficará sempre conosco; não obteremos essa certeza de mais ninguém. Por isso devemos desenvolver a confiança e animar-nos, compreendendo que as nossas vidas são muito preciosas e que a nossa experiência comum é o verdadeiro caminho do conhecimento. Quando soubermos que o que estamos fazendo é "certo" e que estamos atingindo a nossa meta, deixamos de depender dos outros e começamos realmente a apreciar as nossas vidas.

À proporção que praticamos a meditação e pomos à prova a nossa experiência, aprendemos o significado da expressão: "A verdade é como o ouro: quanto mais se queima e bate, tanto mais refinada se torna a sua qualidade." Depois que tivermos passado por um verdadeiro processo de autodescobrimento, ninguém poderá roubar-nos a nossa autoconfiança;

a inspiração vem de dentro, e nós *sabemos* sem precisar que nos digam. De algum modo, este é o único ensinamento que tem sentido, e está sempre ali para que possamos consultá-lo, porque a verdade é transmitida através do autoconhecimento. Assim, podemos lembrar-nos de permanecer confiantes — confiantes na nossa meditação e confiantes na nossa experiência.

DESCOBRINDO A MENTE

*Podemos vivenciar a mente
como viva, sensível e brilhante...
como um sol radioso.*

Enquanto não formos capazes de compreender de fato as nossas mentes, permaneceremos estranhos a nós mesmos, sem ter consciência do nosso verdadeiro potencial. Podemos passar muitos anos tentando aprender a natureza da mente mas, na realidade, o que quer que experimentemos *é* a mente. Isso não quer dizer que objetos externos sejam a nossa mente, senão que as próprias projeções de experiência que fazemos são uma parte da mente.

Se eu tivesse de voltar para o Tibete e alguém me perguntasse: "Pode dizer-me que espécie de cultura é a americana?" eu não poderia fazê-lo em poucas palavras. Da mesma forma, são muitos os modos de explicar a mente, porque vários indivíduos a vivenciam de maneira diferente, e há um sem-número de tipos, graus e níveis mentais que devem ser levados em conta.

A mente é muito versátil, como o artista – cria confusão, ilusão e sofrimento, assim como grande ordem e beleza inigualável. Projeta todas as formas e sustenta todos os nossos dramas íntimos; pode manifestar a verdade absoluta, bem como todos os nossos pensamentos e emoções. A mente não é uma coisa, nem muitas coisas, nem coisa alguma em si mesma. Podemos usar várias palavras para descrever o campo de atividade da mente e discutir-lhe o funcionamento aparente; às vezes podemos rotular a mente de "consciência", às vezes, de "percepção" mas, quanto mais investigamos e observamos, tanto mais complexa ela se nos afigura.

A maior parte das interpretrações da mente é limitada porque elas relacionam a mente com algum outro conceito – a mente é assim, a consciência é assado. Ao lidar com a mente, o nosso ego classifica a nossa experiência temporal em formas, estruturas e perfis específicos, que se convertem em padrões rigorosos que governam a nossa existência, como a constituição governa o país. Eles, contudo, se sobrepõem à mente; não são a mente propriamente dita.

Muitas vezes, ao tentar descobrir a natureza da mente, incorremos no erro de sair à cata de significados. Cuidamos que, se compreendermos o *sentido* de certos conceitos, palavras ou experiências, teremos conquistado uma posição segura no verdadeiro conhecimento. Mas os significados dependem de outros conceitos, e eles mesmos não têm uma base substancial. A busca do significado pode constituir-se assim num ciclo que se perpetua a si próprio; ficamos parecidos com o gato empenhado em caçar o próprio rabo ou com o corredor que começa hiperventilando-se e depois não consegue mais controlar a respiração.

Porque existem poucos dados específicos sobre o funcionamento interior da mente, é difícil descobrir conhecimentos muito precisos a seu respeito. Podemos encarar a mente no seu sentido físico como relacionada apenas com o cérebro e com uma série de padrões neurológicos. Ou, intelectualmente, podemos estar interessados no modo com que funciona a percepção através dos sentidos físicos ou no modo com que formulamos conceitos ou tomamos decisões. Quando investigamos a mente do ponto de vista da meditação, vemos que ela é muito mais do que o cérebro ou do que

um filtro de impressões; muito mais do que uma simples coleção de conceitos. Através da meditação podemos ir, além dos significados e categorias, à experiência direta dos níveis interiores da mente. Podemos vivenciar a mente como viva, sensível e brilhante... como um sol radioso.

A consciência, ou a simples atenção, lida com sensações, percepções, imagens e emoções, mas estas são apenas fragmentos que, acrescentados uns aos outros, não compõem toda a mente. Ela é muito mais vasta do que todas essas coisas reunidas. A psicologia budista pressupõe mais de cinqüenta eventos mentais específicos e, pelo menos, oito estados diferentes de consciência; mas estes, mesmo assim, representam apenas o nível superficial da mente. Podemos ir além da consciência a fim de descobrir os níveis não-conceptuais da mente; podemos examinar *todas* as camadas, como se estivéssemos removendo as pétalas de uma rosa. Podemos examinar a mente além do nível substancial — até além do nível da existência ou da não-existência — porque ela é inimaginavelmente vasta.

Quando a investigamos de um modo mais profundo, descobrimos que a mente em si não tem substância. Não tem cor, não tem forma, não tem formato, não tem características, não tem posição; não tem princípio e tampouco tem fim. Não está dentro e não está fora e, nessas circunstâncias, não pode ser descrita com precisão como sendo isto ou aquilo. Ela não se mistura com outras coisas e, no entanto, não está separada delas. Não pode ser inventada, nem destruída, nem rejeitada, ou aceita. Ela está além do raciocínio e dos processos lógicos, além do tempo comum e de toda a existência.

Quando praticamos a meditação, começamos a reconhecer a tremenda atividade que se processa na mente. Podemos começar a trabalhar com pensamentos e problemas particulares e, quando passamos pelo processo de confrontá-los, aceitá-los, suprimi-los ou modificá-los, podemos lograr uma compreensão da mente e do jeito como ela trabalha.

Um dos principais obstáculos para descobrir e apreciar a profundidade e a qualidade da mente é o fato de a termos como certa e não a respeitarmos na forma devida. Esse respeito não precisa ser de um tipo egoísta, mas é muito importante compreender o quanto a nossa mente é valiosa e preciosa. Em geral, toda vez que nos ocorrem experiências positivas, louvamos o ego em lugar de louvar a mente, pois consideramos o ego como se este fosse o agente do intelecto. Em compensação, quando ocorrem problemas ou dificuldades, culpamos a mente; damos nomes às nossas várias neuroses, e aceitamo-las como se fossem reais e como se fizessem parte da mente, embora esta, em si, seja inocente. Essa rejeição da mente como algo que nos é estranho e até como algo nocivo para nós não constitui uma atitude saudável. Demonstramos freqüentemente grande preocupação com o que concerne ao nosso corpos, embelezando-nos e criando auto-imagens impressionantes, mas é muito raro apreciarmos da mesma forma o espectro, a esfera e a totalidade da nossa mente.

A mente é a fonte de todos os conhecimentos e de toda a inspiração. Quando nos tornamos iluminados é a mente que se ilumina; e quando estamos tristes é a mente que se entristece. À medida que começarmos a apreciar e respeitar as nossas mentes, verificaremos que ela pode transformar nossa experiência cotidiana. Nossos problemas nos parecem menos reais — pois descobrimos que todos eles, na realidade, se criam a si mesmos. Quanto mais investigamos as nossas mentes, tanto mais passamos além dos problemas, além das palavras e dos conceitos... até descobrir a verdade e a compreensão. Não precisamos seguir às cegas a opinião de ninguém, mas podemos explorar a nossa mente de maneira cada vez mais profunda, até descobrir-lhe a natureza — que é iluminadora, radiante, viva.

O ESTADO NATURAL DA MENTE

*Visto que a mente, em sua verdadeira natureza,
não tem dualidade, não está separada
da unidade de tudo o que existe,
nossas vidas tornam-se nossa meditação.*

Os que não estão acostumados à meditação entendem, não raro, que ela é uma coisa estranha, inusitada, desnatural – uma experiência exótica a ser realizada – ou que a meditação é uma coisa diferente da pessoa que medita, ou que é, pura e simplesmente, outra faceta da psicologia ou da filosofia oriental, que deve ser pesquisada, estudada e explorada. A meditação, todavia, não é algo estranho, separado ou externo. A meditação é o estado natural da mente, e a natureza inteira da mente pode ser a nossa meditação.

A meditação começa quando permitimos ao nosso corpo e à nossa mente que se relaxem de um modo profundo e pleno... o que fazemos ao vivenciar o sentimento que vem com o simples soltar, sem mesmo haver dito a nós mesmos para fazê-lo. Quando deixamos tudo ser exatamente como é, e atentamos para o silêncio das nossas mentes – isso passa a ser a nossa meditação. Este silêncio não é apenas a ausência do som nem mesmo a liberdade da distração; é a abertura plena, a presença da mente. Quando simplesmente permanecemos silenciosos no interior do momento – sem nos apegarmos à segurança, sem tentarmos compreender os nossos problemas – tudo o que resta é percepção.

A meditação é o processo do autodescobrimento. Em certo nível, a experiência da meditação nos mostra os padrões das nossas vidas – a maneira com que carregamos nossas características emocionais desde a infância. Em outro nível, porém, ela nos liberta desses padrões, facilitando para nós a visão dos nossos potenciais interiores. Quando examinamos, olhando *para trás,* os padrões dos nossos pensamentos, podemos, às vezes, observar e identificar as decepções criadas por nossas auto-imagens. Podemos aprender a enxergar através das atitudes e do faz-de-conta da mente e através de todas as nossas explicações e escusas. Podemos compreender que estamos apenas disputando jogos e que estamos longe do genuíno conhecimento de nós mesmos.

Estamos sempre fixando limites e restrições arbitrárias a nós mesmos, olhando para o mundo e vivenciando-o desde pontos de vista rígidos; achamos que uma experiência não-relacionada com nossos sentimentos ou projeções não tem valor. Mas, quando passamos além da objetivação de conceitos, além do dualismo, além do espaço e do tempo, o que teremos a perder? Se perdermos alguma coisa, perderemos, quando muito, nossos medos, nossas idéias-fixas, o nosso tenso apego a um "eu" imaginado e à imaginada segurança desse "eu". O estado de espírito natural nada tem para perder. É só por causa da nossa alienação de nós mesmos que deixamos de compreender antes que podemos ficar dentro da atenção, que é a nossa natureza intrínseca, nosso próprio lar.

Embora "falemos" a respeito da nossa natureza intrínseca, isso não significa necessariamente que a vivenciamos. Ao invés disso, quase todos somos continuamente surpreendidos no processo de gerar idéias e explicações que criam mais idéias e explicações... de modo que a nossa mente prossegue nesse curso, interminavelmente. O "eu" está-se associando com várias emoções, sentimentos, conceitos e reflexões psicológicas. O ego está sempre esperando para perguntar-nos se realizamos alguma coisa; de modo que temos de "responder" a nós mesmos o tempo todo — e nos vemos fora da nossa experiência, olhando para dentro.

Conquanto tentemos, com todo o nosso empenho, ser atentos e perceptivos, nossos diálogos interiores e projeções criam obstáculos que estragam a imediação da nossa experiência. Quanto mais tentamos interpretar uma experiência e vesti-la com palavras, tanto mais nos apartamos dela. Quedamo-nos com conceitos "fixos" e opiniões dualísticas acerca do mundo, de modo que nossas respostas e reações a situações cotidianas não fluem de um estado natural. É como se fôssemos viver no meio de um formoso jardim de flores — e, não obstante, não déssemos tento dele. Podemos gastar anos e anos explicando, pensando e analisando, sem nunca descobrir esse estado natural.

Compreender esse estado mental é difícil, porque acreditamos que nossos pensamentos, emoções e sentimentos são "meus"; julgamo-los em relação com a "minha" situação, a "minha" vida. Mas pensamentos e sentimentos não são "eu". Um pensamento simplesmente é associado a outro pensamento, que depois se associa a um terceiro. Cada pensamento envolve várias palavras e imagens, como as imagens de uma fita de cinema, que se movem continuamente, para a frente e para trás, de tal sorte que a série de imagens ocupa a nossa percepção e drena a nossa energia. Finalmente,

91

perde-se a percepção. Ficamos como crianças que assistem a um desenho animado — perdidas ali, com os olhos arregalados pregados à tela.

Quando observamos as nossas mentes, vemos que a nossa consciência se fixa com facilidade em pensamentos ou em entradas sensoriais. Por exemplo: quando ouvimos de repente o bater de uma porta ou o guinchar do tráfego, nossas mentes projetam imediatamente uma imagem ou conceito; e, associada a essa idéia ou imagem, há uma experiência de tons de sentimentos muito preciosos e exatos. Estando dentro do momento imediato, é possível entrar "dentro" dessa experiência. Nesse momento descobrimos certo tipo de atmosfera ou ambiente interior que não tem forma, nem formato, nem característica específica, nem estrutura. Não há palavras, imagens, conceitos ou posições para manter — visto que qualquer posição — uma posição de manutenção, uma posição de exame ou uma posição "além" — ainda estaria se referindo a algo que se encontra, em última análise, relacionado conosco como o sujeito. Por conseguinte, para libertarnos dos padrões dualísticos da nossa mente, é importante passar "além" das compreensões e crenças relativas, olhar "para dentro" e, tanto quanto possível, permanecer dentro do primeiro momento da experiência.

Visto que a mente, em sua verdadeira natureza, não tem dualidade, não está separada da unidade de tudo o que existe, nossas vidas tornam-se a nossa meditação. A meditação não é uma técnica para fugir deste mundo — é um bom amigo e um bom professor que podem guiar, amparar e ajudar a nossa mente a tocar diretamente nosso ser mais íntimo, sem paredes que nos separem da nossa percepção, da nossa inspiração e da nossa intuição. Através dessa experiência podemos estabelecer contacto com a nossa própria inteireza.

Por conseguinte, a qualquer momento podemos fazer amizade com a meditação; e, na visão que nasce da meditação, experimentamos toda a existência como plena e bela — pois tudo tem beleza, o modo com que trabalhamos, pensamos, falamos — cada situação tem o seu próprio valor inerente e o seu significado. Quando trazemos a luz da meditação para a nossa vida, esta se torna mais rica, mais significativa e mais expressiva, e somos capazes de lidar aberta e diretamente com todas as situações.

Essa percepção natural é simples e direta, aberta e receptiva, imediata e espontânea, sem obscurecimento; não há medo nem sentimento de culpa, não há problema nem desejo de escapar ou de ser de outro modo. "Natural" quer dizer "não-fixo", quer dizer não ter expectativas, nem compulsões, nem interpretações, nem planos predeterminados. Quando a meditação se aprofunda, não há necessidade de fixá-la, melhorá-la ou aperfeiçoá-la. Não há necessidade de progredir, visto que tudo se move no estado natural da realidade.

Uma vez que somos capazes de vivenciar essa percepção imediata, não há nada entre a nossa mente e a meditação. A experiência é sempre nova, inédita, clara e bela. Se bem esteja além do nosso senso comum de tempo, ainda há continuidade. Tudo é exatamente "como é", sem que nada lhe seja acrescentado nem subtraído.

Se, na nossa meditação, pudermos ficar em nosso momento presente, é possível experimentar esse estado mais elevado de percepção. Mas quando nos agarramos às projeções mentais ou tentamos recordar instruções específicas ou certos processos, apenas continuamos a seguir os movimentos da mente no nível da consciência. Podemos estudar e praticar durante anos num nível conceitual, executar inúmeras ações positivas e coligir uma grande quantidade de informações mas, ainda assim, não chegar muito mais perto da verdadeira compreensão. Portanto, é necessário expandir a percepção para fora do domínio do diálogo interior, alargar-nos e abrir-nos o mais que pudermos, e ficarmos muito silenciosos. Estes ainda são apenas conceitos; porém, mais tarde, com a prática, podemos passar, além dessas idéias e padrões conceituais, a um estado de todo destituído de um centro, porque todas as limitações que exigem um centro se dissolverem — e isso é meditação.

À proporção que desenvolvemos a meditação, já não precisamos apoiar-nos em explicações intelectuais para justificar quem somos, pois a nossa auto-identidade redutora se dissipa, como o nevoeiro tocado pela luz do sol. Depois que tivermos compreendido isso, não precisamos lutar com o nosso ego e nossas emoções negativas — ou com discriminações entre o bem e o mal, o positivo e o negativo, o caminho espiritual ou a ação habitual. Dentro da experiência da meditação, a percepção espontânea surge por si mesma, e os conflitos emocionais e os problemas começam a perder seu domínio e tornam-se muito enevoados. Depois que deixamos de alimentar nossos problemas, eles desaparecem dentro da própria percepção. Durante todo esse tempo, podemos ver efetivamente que toda a natureza da mente é a nossa meditação. E, através disso, a nossa mente se torna iluminada de uma energia poderosa e preciosa, e nós vivenciamos diretamente uma compreensão indescritível e onisciente.

TORNANDO-SE A EXPERIÊNCIA DA MEDITAÇÃO

*Quando meditamos apropriadamente
podemos fazê-lo com grande concentração
e, no entanto, ao mesmo tempo,
sem fazer esforço algum.*

Se você tiver alguma pergunta para fazer — sobre qualquer assunto — eu gostaria de ouvi-la. Alguém me disse: "Bem, a meditação parece simples..." mas se você quiser fazer alguma pergunta a respeito da sua meditação, da sua experiência ou da vida de todos os dias, e eu puder ajudar esclarecendo alguma coisa, eu estou aqui. Temos agora estes momentos em que podemos conversar o que podemos partilhar uns com os outros.

Aluno: Quando medito, devo também continuar usando a mantra que aprendi com outro mestre?

Rinpoche: Isso depende de você. Se a mantra o ajudar a fazer contacto com um nível mais profundo de meditação, você pode querer continuar a usá-la. As mantras podem nos ajudar a relaxar-nos, e têm também aspectos devocionais que podem nos ajudar a desenvolver nossas qualidades interiores.

As mantras podem ser "instrumentos" muito poderosos para ajudar a mente a concentrar-se e a evitar que ela se distraia. Por outro lado, visto que a mente ainda está empenhada num "exercício", a recitação de mantras pode limitar-nos, prendendo nossa atenção a discriminações entre sujeito e objeto. Por isso mesmo, cada um de nós deve decidir sozinho quando a mantra é útil e quando não o é.

Também se usam mantras na visualização de certas cores e formas. Quando praticamos mantras em voz alta ou em silêncio por longos períodos contínuos, mesmo depois de pararmos de cantar, elas continuam vibrando dentro de nós em níveis mais sutis. As mantras têm efeitos muito poderosos e são úteis no tratamento de dificuldades tanto físicas quanto mentais.

Aluno: Existe uma meditação especial para a cura?

Rinpoche: A meditação é autocurativa. É um processo de compreensão mais plena da nossa mente e da nossa própria natureza. Através da análise da mente podemos aprender a processar informações e a responder a situações específicas. Quando a mente está imóvel, como uma lagoa, podemos observar calmamente as ondulações que vão e vêm. Vemos também o reflexo de todas as nossas auto-imagens e, finalmente, quando o "observador", bem como os nossos pensamentos, desaparecem, podemos vivenciar a mente de uma forma direta.

Na meditação, tentamos primeiro "prender" a mente, segurá-la de modo que possamos observá-la. Mas, à medida que a nossa meditação se desenvolve, podemos começar a relaxar-nos, a deixar ir, e simplesmente *ser* — sem esforço e sem tentativas de agarramento. Nesse instante descobrimos que a "mente" em si não existe; ela não pode ser encontrada em parte alguma. Esse estado natural de experiência direta é o nosso autocurador.

Aluno: Li um artigo a respeito de um médico que empregava a meditação e a visualização para curar pacientes de câncer.

Rinpoche: Isso não é surpreendente. Certas moléstias são o resultado de bloqueios em nosso corpo físico causados por nossas emoções. Depois de estarmos bem relaxados através da meditação podemos transformar a doença. No Tibete se registravam pouquíssimos casos de câncer porque o ambiente era calmo e tranqüilo — a vida era muito mais fácil e, por isso, havia menos moléstias. Mesmo assim, toda a gente terá de enfrentar, finalmente, a enfermidade e a morte.

Aqui o ambiente, não raro, é cheio de gente e de barulho, e é difícil encontrar um lugar sossegado, de modo que a única solução parece ser encontrar a nossa própria paz interior. A tecnologia moderna proporcionou-nos inúmeras utilidades, mas nossas necessidades e hábitos nos prendem numa armadilha e tornam-se de tal maneira parte da nossa vida que não podemos abrir mão delas. Posto que tenha trazido algum conforto, a tecnologia não curou as nossas frustrações. Encontramos tamanha riqueza material e temos tantas alternativas que muitos de nós ficamos confusos com tudo isso. Ainda que lutemos com afinco, durante a vida inteira, pondo uma grande energia em nosso trabalho, podemos produzir apenas resultados muito limitados. Parece que fomos apanhados num ciclo de prazer e dor, de expectativa e decepção. Ora, por que há de ser assim?

Há uma história a respeito de dois irmãos. Um era mau, porém muito esperto; o outro, era muito teimoso e também muito estúpido. Um belo dia, estavam ambos correndo num campo. O irmão maldoso decidiu divertir-se um pouco e disse: "Fique sentado neste vale que irei para as colinas e de lá lhe mandarei um grande presente. O presente fará estranhos ruídos e você ouvirá estalos e chiados esquisitos, mas não deixe de segurá-lo até a minha volta." Em seguida, subiu a um morro, encontrou uma grande rocha branca, aqueceu-a até deixá-la vermelha e fê-la rolar morro abaixo, berrando; "Pronto, mano, aqui está o seu presente. Pegue-o! Não o largue enquanto eu não voltar!"

O irmão estúpido estava tão ansioso por ganhar o presente que saiu correndo e agarrou a rocha. O pêlo do couro de animal que ele estava usando estalou e chiou ao queimar-se. A rocha queimou a pele do animal e, depois, queimou-lhe o corpo, mas nem assim ele a deixou cair, supunha que ela fosse valiosa. E por isso falou, dirigindo-se à rocha: "Faça o que quiser comigo que não desistirei de você enquanto meu irmão não chegar." E, teimoso, continuou a mantê-la aconchegada a si, porque a julgava importante para si.

Nós nos apegamos da mesma maneira a tudo quanto amamos, ainda que isso pareça ser extremamente frustrante e doloroso. Também nos apegamos à nossa meditação, desejando ver cores e visões, experimentar emoções e sensações quentes e conhecer as fases mais elevadas. A nossa mente ainda quer identificar, capturar e manipular a experiência, a fim de ter algo aprazível para relatar-nos. Entretanto, quando nos livramos do nosso apego aos sentidos e aos sentimentos, podemos nos *tornar* a própria experiência – e este é o verdadeiro processo de cura.

Aluno: O senhor, considera a cólera má?

Rinpoche: A cólera não é, necessariamente, boa nem má... isso depende da sua interpretação. Mas a cólera destrói a sua paz e o seu equilíbrio. Sua energia, intensa, aumenta as reações emocionais, de modo que se perde uma harmonia mais profunda, mais natural, e o resultado é perturbador e insatisfatório. Num nível mais alto, porém, quem souber usar a energia da meditação saberá usar a cólera como fonte de energia a fim de desenvolver uma meditação mais profunda e mais clara.

Aluno: Quando me encolerizo deveras e dou à minha cólera uma expressão qualquer – se ela não for demasiado explosiva –; sinto, depois disso, uma espécie de paz.

Rinpoche: Isso não é bem verdade. A pessoa que liberta a cólera a estava retendo e reprimindo por algum tempo. Quando a libera, sente um alívio físico pela estimulação de certas energias bloqueadas do corpo, o que produz, temporariamente, um efeito hilariante. Mas a cólera mais profunda, a fonte da cólera, não se dissolve e, de certa maneira, se torna mais forte porque encontrou um modo de exigir o controle e expressar-se. Por isso mesmo, tornará a voltar. A paz é apenas temporária, uma ilusão – a causa da insatisfação mais profunda ainda precisa ser resolvida.

Aluno: A cólera não pode ser vista como expressão saudável, como resultado de um processo natural?

Rinpoche: De certo modo, sim, as emoções são naturais; mas qual o sentido real da palavra "natural"? Todos procedemos de acordo com vários padrões — nosso corpo, nossa fala, nossa mente, cada qual tem padrões particulares. Nós os classificamos como bons ou maus, certos ou errados, de acordo com a perfeição ou imperfeição com que eles trabalham para nós. A nossa cultura e a nossa sociedade também seguem determinados padrões, que concordam, ou não, com o que desejamos ou com o que achamos melhor.

Todo ser humano acumula bloqueios ou padrões físicos e psicológicos muito difíceis de quebrar. Quando tentamos libertar-nos desses padrões de comportamento pessoais ou culturais, somos considerados anormais ou até loucos. Entretanto, nem o comportamento considerado "natural" ou "normal", de acordo com as nossas situações culturais ou privadas, é necessariamente positivo ou salutar.

Aluno: O senhor poderia dizer alguma coisa sobre as emoções sexuais?
Rinpoche: Podemos gozar o sexo, sentir-nos relaxados e satisfeitos, ou podemos acabar dominados por grande insatisfação. O resultado depende muito de cada indivíduo e do relacionamento total. O sexo tem faculdades curativas quando o ego não está envolvido na atividade sexual. Se a pessoa for muito sensível e puder relaxar-se totalmente — e não se deixar dominar pela possessividade, pelo desejo ou pelo apego egoísta — a sexualidade pode ser muito libertadora.

Na maior parte das vezes, contudo, o sentimento sexual envolve um desejo — precisa de algo palpável para tocar e, logo que esse desejo é satisfeito, ele desaparece.

O sexo, por si mesmo, não parece ter tanto valor assim. De certo modo, os seres humanos são infelizes — têm pouquíssimos prazeres, e estes não duram muito tempo. Sobrevêm tantas interrupções e dificuldades, tantos problemas, que, não raro, terminamos frustrados ou apenas parcialmente satisfeitos. Poucas vezes a coisa parece totalmente certa. Há uma fascinação superficial, mas não é o que poderíamos denominar "felicidade".

Tentar aliviar nossas tensões e sentimentos é como tentar coçar uma erupção que tivesse surgido debaixo da pele; embora a fricção pareça aliviar a coceira, a irritação continua ali, debaixo da pele. É por isso que dizemos que a natureza da nossa situação humana comum é a insatisfação. Seja lá como for, temos de aprender a encontrar satisfação em cada momento presente, em lugar de procurá-la em breves ou sensacionais encontros.

Aluno: De certo modo, nunca me sinto realmente satisfeito comigo mesmo.
Rinpoche: Você não é o único. Quase todos somos assim.

Aluno: Isso é alguma coisa com que toda a gente tem de conviver, ou há um jeito de encontrar um pouco de paz?

Rinpoche: Há momentos em que somos felizes por breves períodos, assim como há momentos em que somos passivos e não nos advertimos particularmente de coisa alguma. Mas não podemos conservar as nossas emoções felizes e, muitas vezes, nem sequer sabemos para onde foram. Nosso futuro também se torna uma repetição do nosso passado. Ainda que não sejamos muito felizes, continuamos a comportar-nos da mesma forma, esperando que o futuro, de um modo ou de outro, seja diferente e, por fim — a vida se acaba. Alguns homens não são felizes, mas nem sequer se dão conta disso. Você, pelo menos, percebe que, às vezes, não está satisfeito. Na realidade, este é o princípio do caminho de saída.

Aluno: Emoções e sentimentos são a mesma coisa?

Rinpoche: As emoções e os sentimentos são basicamente diferentes. Quando entramos em contacto, pela primeira vez, com um objeto por intermédio dos nossos sentidos, podemos ter um "sentimento" inicial ou intuitivo, acerca dele, mas imediatamente o julgamos, classificamos e envolvemos o que ele *é* com o que desejamos que ele seja. Isso faz parte do nosso padrão humano de conceituação. Finalmente, desejamos passar além desse nível de interpretação e nos tornamos mais sensíveis à própria experiência.

As emoções têm mais força do que os sentimentos e são mais volitivas, ao passo que os sentimentos não têm tanta força e são mais físicos. Mas precisamos vivenciar essas distinções em lugar de apenas analisá-las; não basta simplesmente vigiar nossas emoções e sentimentos físicos. O importante é a nossa própria experiência.

No Ocidente, tem-se a impressão de que, ao falar na "mente", as pessoas não se referem à "mente" nem à "consciência", senão apenas à mente como cañal dos sentidos. Em outras palavras, de acordo com o modo de pensar ocidental, a "experiência da mente" ou a "experiência da consciência" é apenas mais outra forma sutil de sentimento. A "mente", todavia, está além da sensação.

Aluno: Às vezes verifico que, após a meditação, eu me sinto bem e, às vezes, me sinto cansado.

Rinpoche: É possível que você esteja tentando com muita força, que esteja fazendo um esforço excessivo. Talvez você seja um pouco extremado demais — uma grande seriedade pode deixar-nos meio cansados. Quando você enrijece os músculos, deixa tenso o corpo ou dirige a energia de maneira forçada, você também pode sentir-se cansado. Quando isso acontecer, respire profundamente algumas vezes, relaxe-se, solte-se. Deixe ir os pensamentos que correm em círculos dentro de sua cabeça, criando tensão ou preocupação.

Momentos há em que você se sente naturalmente calmo e relaxado, em que você desfruta a meditação e está em paz. Em outras ocasiões, você pode ficar sonolento ou vivenciar mentalmente lugares muito escuros ou muito claros. Aconteça o que acontecer, é preciso que você esteja alerta *o tempo todo*, mas tomando cuidado para não prender a sua mente de uma forma rígida a coisa alguma. Sendo a meditação um processo delicado, é essencial aprender a meditar de forma adequada desde o começo; a não ser assim, você poderá levar muito tempo para estabelecer pleno contacto com a percepção. E a melhor maneira de começar é relaxar-se.

Aluno: É uma boa idéia interromper a meditação quando estamos cansados?
Rinpoche: Bem, você tem diversas opções. Quando você está cansado ou sonolento, sua mente se põe a vagar; nesse caso, talvez ajude fazer alguns exercícios físicos durante algum tempo — caminhando, respirando ou espreguiçando-se, para aumentar a circulação e afrouxar a tensão muscular — e depois voltar a sentar-se. Mas você também pode soltar-se mentalmente, livrar-se de todos os seus problemas ou tensões, tentar penetrar quaisquer bloqueios e passar além deles.

Aluno: Devemos estabelecer um período de tempo fixo para meditação?
Rinpoche: Isso depende da pessoa. Algumas pessoas preferem uma estrutura disciplinada e gostam de meditar durante um tempo fixo todos os dias, num lugar específico e numa certa posição. Outras preferem meditar um pouco sempre que têm tempo. Mas é importantíssimo aprender a estar atento a todo momento; pois, nesse caso, a percepção meditativa inspira tudo o que você faz.

Aluno: A posição é importante?
Rinpoche: A postura de pernas cruzadas é tradicional mas não necessária — não havia cadeira na Índia e as pessoas se sentavam de pernas cruzadas desde a primeira infância.

De certo modo, porém, a posição é muito importante. Do ponto de vista fisiológico, a postura ereta é muito valiosa, porque proporciona a imobilidade do corpo e possibilita um fluxo de determinadas energias. Mas, seja como for, a postura depende da sua preferência. Algumas posições são muito pouco confortáveis e, se a sua mente estiver sendo constantemente atraída para essa dor, talvez seja melhor mudar de posição ou massagear-se, e fazer alguns exercícios a fim de relaxar-se e meditar confortavelmente. Por outro lado, há ocasiões em que você precisa entrar na dor, concentrar-se nela e aprender a passar além dela.

Aluno: A perseverança exige que nos coloquemos contra alguma coisa que não é natural?
Rinpoche: Pode ser que tenhamos de perseverar contra vários obstáculos se o nosso estado natural estiver desiquilibrado ou perturbado. Por outro

lado, uma pessoa de compreensão mais elevada poderá sempre encontrar estados naturais dentro da própria perseverança.

O nosso esforço sempre é influenciado pelo nosso "eu" e, quando já não existe perseverança alguma, já não existe nenhum eu. Primeiro compreendemos isso e, depois, o experimentamos; ou podemos ter primeiro a experiência, que leva à compreensão. Mas se tivermos a experiência sem a compreensão, aquela se esquece depressa, como um súbito relampejar. Por conseguinte, precisamos de orientação.

Aluno: O senhor vê a necessidade de tentar proteger-se antes de meditar, para não captar alguma energia negativa?

Rinpoche: É possível que você capte uma energia negativa quando "percorre" os "campos de meditação". Mas a pessoa que tem confiança pode transmutar as vibrações negativas numa boa experiência, como se operasse uma reciclagem.

Aluno: Quando recebe energia da prática da meditação, como é que o senhor a liberta?

Rinpoche: Trata-se de um processo natural, razão pela qual não há necessidade de preocupar-se nem de perder tempo com isso. Esteja apenas aberto e não tente concentrar-se à força. A maneira de libertar a energia não é avaliando a experiência, nem identificando-se com o seu "eu", nem levando tão a sério o que quer que esteja acontecendo no momento.

Aprenda a sentir que toda a existência faz parte de um sonho. Você é, ao mesmo tempo, o sonhador e o sonho que está sendo sonhado. Sinta, relaxe-se, solte-se e não medite com exagerada intensidade. Durante a meditação "ninguém" está meditando, ninguém está ali para comentar ou para esperar informações. Informação indica julgamento — boa ou má meditação, sentimentos felizes ou infelizes — tudo isso são reflexos de "alguém" que está espiando do fundo da cena. Um foguete que está sendo lançado precisa transmitir de volta informações acerca do seu bom ou mau êxito mas, na meditação, não há necessidade de *feedback*. Este só serve para perturbar a meditação. Quando você está livre de desejos ou de expectativas, a meditação está fluindo, nem rígida nem séria. Num certo sentido, porém, você *está* sério, porque está praticando de maneira muito concentrada e muito alerta.

Aluno: A meditação parece requerer esforço e, no entanto, o senhor enfatiza o completo relaxamento.

Rinpoche: Quando meditamos corretamente podemos fazê-lo com grande concentração e, todavia, ao mesmo tempo, sem nenhum esforço. Em outras palavras, não "fixamos" nossa mente em coisa alguma, visto que não há nada para ser focalizado, nada para ser alcançado, nenhuma necessidade de fazer qualquer esforço. Por outro lado, se não começarmos e continuarmos, não haverá progresso. *Temos* de fazer alguma coisa; mas o fazer é quase o não-fazer, porque não há nada para o *self* [o eu profundo] fazer — não *self* para fazer coisa alguma.

Hoje em dia, há uma ênfase no imaginar como fazer qualquer coisa, e isso dificulta a compreensão do que é "natural", do que é "meditação", do que é "absoluto". Embora não haja nada para ser imaginado, ainda assim precisamos desenvolver uma percepção muito intensa, clara e acurada. E assim que o "Eu" se afasta, podemos vivenciar a "meditação". Mas também podemos iludir-nos pensando que a nossa meditação está indo bem quando, na verdade, esse próprio refletir é um sutil agarrar-se a uma "posição" na nossa meditação, agarramento esse que, na realidade, nos impede de meditar.

Depois que nos relaxamos, devemos deixar a mente completamente aberta, com uma energia equilibrada e livre. A mente é sempre animada dessa maneira. Nós nos apegamos a certos modos de pensar, de olhar, de expressar-nos — não só para agradar aos outros mas também a nós mesmos. Tudo isso faz parte da auto-imagem que se perpetua; tanto que nos afastamos da auto-imagem, nossa mente se liberta para "meditar".

Aluno: O senhor vê alguma relação entre os resultados da meditação e a criatividade?

Rinpoche: Sim, acho que sim. Quando a mente está feliz e em paz, tudo — toda e qualquer ação — é criatividade. Depois que a sua mente entra no estado de meditação, de pura atenção — sem julgamentos, conceitos ou interpretações restritivas — então tudo é arte, tudo é música, tudo é beleza. Depois que você se liberta das opiniões negativas e dos padrões fixos de comportamento, todos os seus atos se tornam abertos, espontâneos e livres. Toda ação do corpo e da mente passa a ser manifestação e expressão da energia universal, que é intrensecamente bela e alegre.

Alguns iogues consumados, por exemplo, não se cansam de escrever, de desenhar, de cantar, de tocar música, porque são capazes de encontrar beleza em toda a existência. A música está lá, assim como as artes. Toda a existência é uma corporificação da verdade; tudo é natural e intrinsecamente perfeito, de modo que não há necessidade de imitação nem de esforço autoconsciente.

Quando você percebe o universo de determinada perspectiva, a sua visão é limitada. Mas quando você compreende que tudo é um campo de energia universal, você fica sabendo que a mente é infinita, e que toda existência faz parte do "céu". Na realidade, "céu" significa que você alcançou a plena compreensão e que já não se afasta mais da sua experiência. Desse ponto de vista, sujeito e objeto, positivo e negativo, o temporal e o supratemporal, tudo passa a ser o mesmo na equanimidade.

Aluno: Como poderemos saber que estamos crescendo espiritualmente?
Rinpoche: Crescimento espiritual é o mesmo que abertura e realização. Na maior parte das vezes, procuramos a liberdade temporal e a satisfação mas, se não existe "Eu", quem está sendo satisfeito, quem está sendo libertado? O "Eu" total é libertado. Sem o "Eu", sem emoções, sem atitudes e hábitos conflitantes, estamos livres de tudo o que nos amarra, mas não o podemos referir a nós mesmos — o "eu" talvez não esteja lá para prestar atenção. Com o "Eu", é muito difícil nos desenvolvermos; sem o "Eu", poderemos progredir. Mas sem o "Eu", quem é que está progredindo? Quando as pessoas fazem essa pergunta a si mesmas ficam, às vezes, com medo.

Sem o "Eu" não há sujeito, não há objeto, não há tempo. Algumas pessoas poderão achar que isso é maluco, mas sem o "Eu" não há ninguém para ficar louco, nenhuma influência demoníaca ou nenhuma pessoa para reagir a isso — apenas percepção silenciosa. Para chegar a esse estado só precisamos estar abertos; não temos de fazer nenhum esforço extraordinário. As experiências certas já estão acontecendo quando não permitimos que nos desviem do nosso estado natural de ser. Quando podemos permanecer equilibrados no estado natural de atenção, nada pode prejudicar-nos. Podemos funcionar bem e harmoniosamente sem o "suporte" do ego.

Aluno: Como é que posso libertar a minha meditação da influência do ego?
Rinpoche: Uma simples abordagem da meditação é que "tudo se transforma em meditação". Não pense, "Isto faz parte da meditação; isto não faz parte da meditação". Esse tipo de diferenciação não existe. Medite do modo mais simples, mais fácil e mais direto. Seja natural — naturalmente perceptivo, naturalmente aberto, naturalmente vivo. Quanto mais você tenta imaginá-lo intelectualmente, tanto mais tempo lhe será preciso para compreender. Enquanto você estiver consciente de si mesmo, nem lhe convém meditar, porque apenas o *"self"* estará meditando; e esse *"self"* que pensa que está meditando nos impede de praticar a verdadeira meditação.

Desde que você compreenda a atenção natural, todas as partes da sua mente estarão dentro da atenção. Nessas condições, o ego não a contamina, não faz pressão sobre você, não lhe dá ordens, nem o interrompe.

Entretanto, o ego é muito esperto. Está constantemente buscando atenção e relacionando cada experiência consigo mesmo. Essa consciência de si mesmo, ou "reflexão-do-ego", sempre se aferra a uma identidade: "minha meditação, minha percepção, minha experiência", dividindo tudo em sujeito e objeto.

Existem várias faces do ego — orgulhoso, dominador, ameaçador. Às vezes, o ego interpreta experiências ou se defende; ao passo que, outras vezes, ele formula intenções e manobras "secretas" e depois faz comentários sobre elas. O ego tem muitos aspectos, que criam canais através dos sentidos — através dos olhos, dos ouvidos e dos sentimentos. Ao entrar no estado de meditação você não precisa confiar nos sentidos; com efeito, você tem a oportunidade de transcendê-los. Ao mesmo tempo, você pode abrir a porta de cada sentido — visão, som, olfato, paladar, tacto, consciência — todos funcionam harmoniosamente dentro do estado de meditação.

Aluno: Como é que se pode quebrar o ego?

Rinpoche: Lidar com o ego é como tentar tocar a cauda de um tigre — é perigoso, a não ser que você saiba o que está fazendo. Muitas vezes estamos apenas brincando quando tentamos enfrentar o nosso ego, de modo que nos acabamos ferindo e ficando profundamente machucados. Para poder desafiar o ego, precisamos agir com sabedoria e habilidade, mostrando-nos gentis a princípio, sem combatê-lo diretamente, pois, quando o combatemos, criamos frustrações que acarretam maiores sofrimentos. Em lugar disso, precisamos *observar* o ego habilidosa e diretamente e, quando o observamos, verificaremos que esse combate não é necessário.

Freqüentemente pomos a culpa de tudo no ego mas, logo que o censuramos, criamos um conflito. Haverá conflito se não tivermos habilidade para observar o ego, e haverá conflito se tentarmos combatê-lo diretamente. Podemos conseguir controlá-lo por algum tempo, mas talvez não sejamos capazes de transcendê-lo de fato. Se não nos for possível fazê-lo, o ego voltará mais forte e mais cheio de ressentimento do que antes. O combate e a frustração passam a ser uma polaridade, e ambos se perpetuam. Precisamos tocar no ego com extrema habilidade, em vez de desafiá-lo para o combate. Necessitamos de uma observação de nós mesmos muito intensa e muito clara.

Aluno: Como se usam os pensamentos?

Rinpoche: Lidamos com os pensamentos de duas maneiras diferentes. Quando os "agarramos", nós os identificamos mas não os reconhecemos. Quando aprendemos a maneira de reconhecê-los, principiamos a desenvolver a atenção.

Os pensamentos de algumas pessoas são como cobras — eles se enrolam até fazer nós, mas esses mesmos pensamentos podem ser afrouxados. As cobras se enrolam mas, quando querem, podem soltar-se de todo e relaxar-se automaticamente.

Quando a mente está imóvel, os pensamentos são como desenhos na água — antes de acabarmos de desenhar, os traços desaparecem. Algumas pessoas conseguem ver um pensamento quando surge, mas, como acontece com a neve na Califórnia, ele se dissipa antes de tocar o solo.

Quando meditamos, a nossa mente deve ser como a caverna de Milarepa — despida de tudo. Quando Milarepa vivia numa caverna, sua única propriedade era uma tigela de barro em que ele cozinhava urtigas. Dois caçadores, que tinham avistado de longe a fumaça do fogo que ele fizera, aproximaram-se certa noite, com a intenção de furtar algum alimento. Quando se puseram a esquadrinhar a caverna, Milarepa desatou a rir e disse-lhes: "Sou um iogue e, durante o dia, não consigo encontrar quase nada para comer. Como é que vocês esperam encontrar alguma coisa durante a noite? Este é um lugar escuro e vazio — não há nada aqui para ser tirado." Da mesma forma, quando não deixamos a mente encher-se de pensamentos, as forças negativas, não tendo nada para agarrar, não nos podem ser nocivas.

Aluno: O senhor não poderia dizer alguma coisa sobre experiências místicas ou esotéricas?
Rinpoche: Existem freqüentemente conotações negativas associadas às chamadas "experiências místicas", e a qualquer coisa privada, secreta ou "oculta". Esse "segredo", entretanto, é malcompreendido. Se determi-

nado processo de crescimento ou desenvolvimento não estiver completo, será prematuro falar sobre ele ou concretizá-lo. Por conseguinte, numa visão de longo alcance, será melhor permanecer em silêncio. Depois que a nossa experiência estiver totalmente estabelecida, nunca mais a perderemos; mas, até então, será importante permanecer em silêncio. Precisamos cultivar o que tivermos aprendido e permitir que isso cresça e amadureça.

A fim de compreender tais ensinamentos, precisamos vivenciá-los nós mesmos e pô-los à prova em nossa vida diária; esse grande potencial — esse tesouro inexaurível — não se encontra em alguma terra distante; está dentro de nós. Por isso falamos em autolibertação e em refugiar-nos dentro de nós mesmos. Os próprios ensinamentos ficam vivos em nosso interior. Desde que saibamos disso, a experiência imediata passa a ser nosso mestre e a percepção nos ajuda a tornar nossa vida positiva e alegre.

Quando olhamos para a vida do ponto de vista da atenção, vemos que a nossa mente é um grande manancial de proteção; ela pode dar-nos segurança e confiança; ela pode ser o nosso refúgio. Podemos perder o contacto com a atenção e, em seguida, esquecê-la aos poucos — embora a atenção esteja acessível a qualquer instante — temos uma oportunidade, depois outra — se perdemos uma, haverá sempre a oportunidade seguinte. A mente é o nosso lar. Mas saber que a mente é o nosso lar não basta; temos de passar pela porta. Enquanto não o fizermos, "ser" será apenas mais uma palavra, como "conhecimento", "sabedoria" ou "esotérico". Sem a experiência, essas palavras não têm muito sentido.

A meditação mais profunda não pode ser expressa adequadamente pela linguagem, pois, tanto que verbalizamos ou conceitualizamos experiências, elas se solidificam e a atenção cessa. Nessas circunstâncias, enquanto a nossa prática não estiver plenamente desenvolvida, melhor será que falemos das nossas experiências de meditação somente com um guia consumado, que possa ajudar-nos; de outro modo, nossas experiências poderão perder seu significado e poder.

De ordinário, todavia, temos uma forte tendência para verbalizar as nossas experiências. Parece-nos que, se não forem interpretadas nem discutidas, elas não serão reais. Achamos difícil quedar-nos em silêncio, visto que o silêncio nos perturba. Conquanto o falar sobre nossos problemas e experiências, de quando em quando, seja proveitoso, o falar, em vez de ajudar-nos a integrá-los ou compreendê-los, na verdade reforça nosso apego a eles. Portanto, em lugar de seguir esse impulso de verbalizar as experiências para nós mesmos ou para outros, o melhor, geralmente, é trabalhar em silêncio com elas.

Logo que utilizamos a língua e as palavras para criar conceitos, automaticamente imobilizamos e concretizamos o presente; não temos, então, oportunidade alguma de vivenciar diretamente esse momento. Não há maneira de passarmos "além" de qualquer coisa com palavras. Isso não quer dizer que as palavras não tenham valor, senão apenas que não há um modo de poder vivenciar diretamente o momento presente se confiarmos

105

em palavras, conceitos intelectuais ou tentativas de focalizar a nossa atenção em certos caminhos.

Portanto, daqui para a frente, lembre-se — todo e qualquer pensamento é precioso... o significado já está presente no próprio primeiro estado. Se você quiser entrar em contacto com a experiência mística real, saiba que ela não está longe de você; está dentro dos seus pensamentos, dentro da sua percepção — dentro do próprio primeiro momento. Explore isto. Assim que o fizer, toda a sua atitude mudará; sua constritora e limitadora auto-identidade começará a desvanecer-se, suas percepções e imagens se transformarão — será como abrir uma janela para permitir a entrada do ar fresco.

Quarta Parte

ATENÇÃO

VISUALIZAÇÃO E VER

*A visualização acrescenta uma nova dimensão
à nossa percepção do mundo e nos dá
uma nova perspectiva com a qual
podemos observar a realidade comum.*

A visualização é muito útil ao desenvolvimento da percepção, da concentração e da clareza. Quando focalizamos a consciência em imagens ou símbolos específicos, podemos voltar as idealizações mentais que definem e limitam as nossas percepções. Assim nos abrimos para mais amplas dimensões de experiência e ficamos menos vulneráveis às nossas emoções.

Na meditação mais avançada, quando já não estamos tão ligados a sujeitos e objetos, a visualização pode ocorrer sem forma nem estrutura. Mas como demoramos um pouco para aprender a libertar nossa mente da dependência do pensamento dualístico, quando apenas estamos começando a desenvolver a concentração e a visualização, é útil focalizar objetos específicos.

Tradicionalmente, tanto a concentração quanto a visualização começam com a focalização de uma letra simbólica; em seguida, se movem para vários símbolos, imagens, mandalas e divindades, cada qual com ornamentos e qualidades específicas. Encetamos o processo concentrando-nos no que quer que estejamos visualizando durante períodos de dez ou vinte minutos todos os dias, até alcançarmos um total de quarenta ou cinqüenta horas. À proporção que olhamos para a imagem de uma forma bem solta, com os olhos bem relaxados e a respiração e o corpo muito quietos, muito receptivos, a imagem finalmente se funde com a nossa atenção.

Às vezes, quando estamos iniciando a prática da visualização, podemos visualizar muito bem — mas, volvido algum tempo, a imagem pode tornar-se pouco firme ou desaparecer de todo. No mais das vezes, porém, a visualização é difícil a princípio mas, à medida que continuamos, a imagem se focaliza com maior clareza e a visualização se aprimora. Mesmo então, podemos descobrir que, ao tentar visualizar uma imagem específica, surge uma imagem diferente; e isso pode ser algo perturbador. Assim sendo, precisamos praticar com paciência, pois o aprimoramento de tais capacidades demanda tempo.

Uma visualização aparece primeiro diante de nós como se estivéssemos olhando através de um túnel comprido ou de um tubo expansível. Conquanto este ver ou perceber seja muito flexível, esquecemos amiúde a imagem ou perdemos a consciência dela, de modo que já não somos capazes de realizar com justeza a visualização. Às vezes, no entanto, quando fechamos os olhos, o que estamos visualizando se encontra exatamente "ali". Uma visualização dessa natureza não precisa ser construída peça por peça, do modo com que um carpinteiro constrói uma casa; ela surge espontaneamente — uma imagem perfeita. Assim que a vemos, não precisamos modificar coisa alguma. Podemos simplesmente deixá-la ser. E essa espontaneidade é a semente da visualização.

Tente visualizar, por exemplo, interiormente, a cor curativa do azul-turquesa — se você não puder vê-la, *sinta* que a vê. Essa visão é bela; por isso limite-se a aceitá-la; e essa aceitação o ajudará a vê-la. Se ainda assim não a vir, convença-se, com jeito, de que você está vendo perfeita, belamente, e mesmo que ainda assim não consiga ver coisa alguma, sinta a qualidade e a magnitude da experiência. Fique dentro do momento e a visualização acabará finalmente chegando a você.

A visualização e a imaginação têm algumas similaridades. A imaginação, entretanto, é como a memória ou uma projeção mental, ao passo que a visualização se torna espontânea e é o mesmo que ver tridimensionalmente em todas as direções. A visualização representa um processo dinâmico mais fino e mais altamente desenvolvido. Na imaginação nunca podemos estabelecer contacto com o brilho original das cores, das formas, dos sons e dos gostos — mas as visualizações, às vezes, são tão intensas e radiantes que transcendem nossas percepções comuns. Neste campo da visualização nenhum objeto é temporal.

Quando damos início à nossa prática de visualização, a imagem, em regra geral, não passa de um pálido esboço; gradativamente podemos aprender a focalizar a cor e a forma com maior intensidade. É difícil tornar mais penetrante a visualização completa de uma vez só; mas, gradualmente, as cores vão ficando muito vívidas e claras — o espectro luminoso aparece como uma cor rica e elétrica — e as figuras não surgem como imagens sem vida, senão como formas vivas.

À proporção que se aprimoram as nossas capacidades, nossa visualização se torna muito complexa – inúmeras imagens passam a ser uma, ou uma imagem passa a ser muitas. Podemos desenvolver uma única imagem ou mandá-la para incluir o universo inteiro – tudo se ajustando perfeitamente entre si. E podemos começar a compreender a natureza de toda a existência e de todos os fenômenos – tempo, espaço e conhecimento. Durante a visualização podemos ter experiências extraordinárias, que a mente racional não consegue explicar, mas sabemos que o que estamos vendo é verdadeiro, porque estamos vivenciando o trabalho harmonioso das leis naturais.

Na visualização, primeiro olhamos para a forma e para a cor, porém mais tarde a imagem nos penetra a mente de um modo natural e espontâneo. De início, limitamo-nos a observar a imagem como parte da nossa meditação ou concentração mas, com a prática, podemos afinal exercitar a nossa mente de modo que possamos ver a imagem dentro de nós mesmos. Mais tarde ainda, não precisaremos olhar para uma estampa nem cerrar os olhos, que ainda assim estaremos vendo a imagem. Ela surge, viva, dentro da nossa percepção.

Ao praticar a visualização, vemos com a nossa percepção e não com os nossos olhos, de modo que o que "vemos" aparece de maneira diferente da que se nos apresenta na visão comum. Embora comecemos vendo uma imagem ou uma estampa de uma forma específica, à proporção que desenvolvemos a nossa visualização, a forma exata da imagem nem sequer tem importância, porque a qualidade de "visibilidade" subsiste. Registra-se uma transcendência da própria imagem, mas a atenção permanece e alimenta a nossa mente e as nossas emoções; essa atenção empresta maior significado à nossa vida diária.

O propósito da visualização é desenvolver a nossa atenção, de modo que, aonde quer que vamos ou o que quer que façamos, estamos sempre muito atentos, e alertas, como o ouvido de um cervo. Desde que nos familiarizamos com o processo da visualização, podemos comparar a nossa experiência com o nosso processo ordinário de atenção e, dessa maneira, coligir dados sobre a melhor maneira de compreender a realidade comum em estado de vigília. Podemos despertar a nossa atenção para ver como opera a ilusão no interior da mente; podemos desenvolver essa atenção para perceber todos os conhecimentos no interior da nossa consciência. Assim sendo, a visualização acrescenta uma nova dimensão à nossa percepção do mundo e nos dá uma nova perspectiva com a qual podemos encarar a nossa realidade comum.

Quanto mais nos acostumamos à prática da visualização, tanto mais nos concretizamos de que o que chamamos "real" também não passa de uma visualização. Essa compreensão pode modificar toda a nossa maneira de pensar e aumentar a nossa capacidade de ver a qualidade transparente do ego e dos objetos materiais. Depois de vermos isso, podemos transformar até os nossos obstáculos emocionais em energia positiva.

Podemos utilizar essa "visibilidade" da visualização para concentrar-nos em diferentes níveis de atenção em diferentes centros do corpo. Isso ajuda a abrir as energias do nosso corpo físico e a libertar as tensões construídas pelas emoções. Muitas vezes, ao lidar com os nossos problemas, só os vemos de uma perspectiva ou dimensão, incapazes de enxergar outras alternativas. Como uma visualização complexa pode consistir num único pensamento isolado, podem começar a ver como cada pensamento pode ter muitas qualidades diferentes.

Através da visualização, a atenção pode revelar três, quatro e até cinco dimensões para cada experiência — num nível, podemos vivenciar a dor física; em outro nível, podemos sentir a dor como uma espécie de sensação agradável; em outro nível ainda, a sensação pode ser experimentada como se fosse neutra: nem dolorosa nem aprazível; num quarto nível, pode ser que nada aconteça, pois a dor, o prazer e a própria experiência foram ultrapassados. Assim que pudermos olhar para uma experiência a partir dessas diferentes perspectivas, podemos aprender a dirigir a energia curativa positiva para áreas de dificuldade. Podemos transformar o que é nocivo no que será proveitoso.

Ao praticarmos a visualização, vivenciamos o "ver direto". Quando estamos suficientemente relaxados, podemos descobrir esse "ver" por intermédio da nossa experiência imediata. Isto se faz afrouxando a tensão muscular em torno dos olhos e, sem piscar, deixando a vista tornar-se suave, como que vazia. Depois disso, por apenas um quarto de segundo — observe. Isso é o "ver".

Quando estamos conscientes, nossos sentidos estão sempre interpretando objetos; mas quando os sentidos se tornam mais leves e aguçados, sem consciência de nenhum objeto determinado, isto passa a ser percepção. À medida que essa percepção se desenvolve, a qualidade de "ver" aparece naturalmente. A consciência é uma espécie de olhar, ao passo que a atenção é uma espécie de ver. Quanto mais desenvolvemos a atenção, tanto mais leve e sensível se torna a sua qualidade. Quanto mais desenvolvemos a consciência dos sentidos, tanto mais escura, pesada e deprimida se torna a nossa percepção.

Em nossas vidas vivenciamos com freqüência uma grande quantidade de tensão, de sentimento de culpa e de dor — o mundo pode parecer terrível, nosso trabalho pode ser enfadonho ou podemos ter problemas familiares ou sofremos pressões econômicas. Mas, à proporção que desenvolvemos nossa capacidade de *ver*, cada situação se torna cada vez mais interessante e manejável, porque podemos vê-la de perspectivas diferentes. A experiência torna-se mais flexível, e podemos abrir nossos pensamentos e encontrar muitas qualidades valiosas dentro deles. De ordinário, nossos pensamentos são tão sutis e tão rápidos que não podemos apanhá-los; mas, desde que entramos nessa nova dimensão, tornamo-nos mais sensíveis a esse novo tipo de realidade — não precisamos formulá-la conceitualmente, porque podemos *conhecê*-la diretamente. No princípio, isso constitui, com efeito, uma descoberta fantástica — a partir de um simples momento de percepção, podemos atingir outro nível de energia... um universo diferente. Podemos descobrir que a mente humana tem grande potencial e recursos enormes — que a mente é o nosso melhor amigo.

Depois de experimentar isso pessoalmente, perguntamos a nós mesmos como pudemos nos sentir tão infelizes e confusos. Mas ainda podemos encarar certas situações ou problemas de maneiras fixas — por isso precisamos resolver este assunto. Sabemos que há outra maneira de olhar, de vivenciar, de ser. Portanto, por que continuar estragando a nossa experiência presente? Depois que pudermos apreciar o contraste entre a nossa velha maneira de vivenciar e esta nova maneira, aberta, podemos ver o quanto nos estivemos iludindo e confundindo. À medida que desenvolvemos a percepção, aprendemos a não reter as nossas formas habituais de lidar com as situações; vemos os velhos padrões principiar a desenvolver-se e, sem demora, os detemos. Toda experiência se torna nova — ainda que no nível físico a nossa situação possa não se ter modificado.

Aluno: A atenção e o ser são a mesma coisa?
Rinpoche: São. Finalmente, à proporção que a nossa compreensão se desenvolve, tudo se enquadra num modelo perfeito. O "olhar" e o "ver", no entanto, são diferentes; "o estar atento" e "o estar cônscio de alguma coisa" também são diferentes. Estar "ciente de" é estar alerta — a pensamentos ou a objetos palpáveis. A atenção plena, todavia, não tem conteúdo. Não faz contacto com coisa alguma — é apenas atenção pura.

Aluno: A visualização é uma parte da memória?
Rinpoche: No nível relativo, o tempo existe. Num nível mais elevado, não há tempo. A atenção é um todo, como uma bola — dentro e fora, o passado, o presente e o futuro são todos o mesmo. Assim sendo, as visualizações não são memórias, mas podemos, às vezes, reconhecê-las ou interpretá-las como tais.

113

Aluno: Não tenho certeza de compreender a diferença entre evocar uma imagem, reconstituir uma memória e simplesmente "ver". Todos, para mim, são a mesma coisa.

Rinpoche: Um tipo de ver se baseia na experiência passada – percepções, imagens e memórias. Outro tipo de ver não tem forma específica – mas, nesse caso, imagens de memórias podem misturar-se a ele. Toda vez que pensamos *em* alguma coisa, criamos imediatamente uma imagem do pensamento. O pensamento e a imagem existem simultaneamente – como a mãe que carrega o filho ainda não-nascido. Estamos todos ligados às nossas memórias, de modo que o "ver" pode incluir muitas imagens específicas baseadas na nossa experiência passada. Via de regra, as imagens obscurecem a experiência direta, inibem o fluir espontâneo do pensamento e extraem energia positiva dos estados de meditação. Mas também podemos transmutar imagens aquecendo-as, fervendo-as até que elas percam a energia, e derretendo-lhes a forma, de sorte que esta já não está lá. As imagens passam a ser conhecimento puro, visão pura, atenção pura. Entretanto, também podemos "ver" sem quaisquer imagens, de modo que a nossa visão se transforma em atenção. Isto é, penetramos a natureza da existência – vamos para além do tempo e compreendemos que o passado, o presente e o futuro são um só. Desde que compreendamos tudo isso, poderemos compreender como é que a mente funciona.

Aluno: Quando estava visualizando uma imagem, senti um cheiro forte de flores de macieiras da minha infância. Pergunto a mim mesmo se as visualizações não incluem também o tacto, o toque, o paladar e o olfato?

Rinpoche: Sim, tudo. Não obstante, creio talvez que você estava colhendo apenas os aspectos superficiais, sem colher com clareza o que fica no fundo. Enquanto o cheiro pode permanecer, você pode ver também o seu ambiente – o jardim, as árvores, o contorno da paisagem, a sua maneira de andar, ou o que você fez de manhã e de noite – memórias que você supunha haver esquecido podem ressurgir.

Aluno: Tentei, certa vez, visualizar uma flor e tive dificuldade para vê-la. Depois imaginei que, acendendo um palito de fósforo, eu talvez pudesse vê-la.

Rinpoche: Mas o ver a que nos estamos referindo não é necessariamente a visão física. O "ver" consiste no seguinte: quando você põe de lado a mente racional e permanece solto e equilibrado, a experiência lhe acode incontinenti. Alguma coisa é inusitada. E essa é a maneira de começar a "ver".

Aluno: Poderia ser isto uma percepção de sons ou de outras coisas ao nosso redor?

Rinpoche: Poderia, mas a atenção não envolve necessariamente objetos perceptíveis. A diferença é que, quando estamos "cientes de" um som ou visão, ainda dependemos do objeto, por causa da nossa associação com ele. Essa atenção consciente tem uma energia sutil abrangente que suporta o objeto do qual estamos conscientes — e assim nos mantém presos a ele. Perdemos constantemente energia nesse processo. Entretanto, quando não estamos cientes de alguma *coisa*, quando estamos apenas completamente perceptivos, a nossa energia e o nosso conhecimento estão livres e integrados.

Quando a qualidade da visualização se torna muito relaxada, o "ver" acontecerá, muito embora não vejamos necessariamente imagens. O ver é a experiência, não uma interpretação dela. Visto que o "ver" é uma parte da nossa vida, continuamos a ver o mundo à nossa volta, mas já não continuamos presos às formas ou imagens que vemos. Posto que isso, talvez, não lhe pareça muito claro para você agora, um dia você compreenderá — a experiência falará por si mesma.

Aluno: Às vezes a atenção parece interromper-se e tornar-se muito quieta...
Rimpoche: Certo. Esta é a qualidade da experiência. Você também pode perceber às vezes, a qualidade dessa experiência quando se sente muito zangado ou ansioso pois, nesses momentos, a mente está muito alerta e qualquer coisa que você esteja contemplando é particularmente brilhante. Nos momentos em que a sua atenção se dirige para um ponto só, as forças negativas não podem tirá-lo do centro. A atenção tem uma qualidade de inteireza... ninguém pode dividi-la. Ela tem uma qualidade brilhante e perfeita, à semelhança de um diamante.

Um tipo de exercício que se recomenda para aumentar e refinar a energia da atenção e para revigorar a sua meditação é despertar a cólera sem ter sido interiormente capturado por ela. Certas divindades compassivas podem manifestar formas aterradoras, coléricas, mas a sua atitude interior é sempre tranqüila. Um sentimento pode ser muito intenso, mas sem que estejam associados a ele nenhuma angústia ou mal-estar, nenhuma dor ou separação, nenhuma destruição ou envolvimento. Tal flexibilidade é importante mas, quando realizamos essa prática durante longos e contínuos períodos de tempo, é difícil manter o equilíbrio; por isso talvez seja melhor não fazer esse exercício com demasiada freqüência, nem por um tempo demasiado longo.

Em cada momento do dia há emoção com a qual você pode trabalhar, e cada situação é sempre muito útil para renovar ou recarregar a energia. Não é o caso de *lembrar*-lhe que seja atento — a atenção já está lá. Você não precisa falar consigo mesmo a esse respeito pois, assim que o faz, o perde. É muito difícil permanecer atento o tempo todo, mas até quando você, às vezes, se esquece, pode sempre recomeçar no momento seguinte. O próprio momento é a atenção.

O importante é tentar ficar atento e flexível dentro de cada situação da sua vida diária. Você pode achar que deve retirar-se para um abrigo e *então* praticar, mas os ensinamentos não estão reservados para certas ocasiões. Você pode praticar o tempo todo — cada aspecto da experiência é útil. Em nenhuma ocasião você poderá entender que pode afastá-la por algum tempo. A própria vida é uma prática viva.

Aluno: Quando diz que cada pensamento é precioso, o senhor quer dizer que não devemos fazer distinção entre pensamentos... bons, maus ou indiferentes?

Rinpoche: Exatamente. Toda a nossa experiência é valiosa. Já nascemos em nossa verdadeira natureza. Cada pensamento isolando carrega consigo a mensagem, o poder, o conhecimento. Por conseguinte, cada simples aspecto da nossa experiência é precioso; não há nada que se possa atirar fora.

À proporção que os pensamentos e as imagens se movem constantemente através dela, a mente produz uma espécie de movimento — e esse movimento produz certa energia. Podemos dizer também que a mente, na realidade, se opera a si própria; o fluir se perpertua. De mais a mais, a mente não é sólida. Ela não consiste apenas numa acumulação de percepções ou de auto-identidades, mas num processo de desenvolvimento — nada observa, dos bastidores, a remessa das mensagens da mente — a mente opera sem qualquer base, fundamento ou substância. Ela não tem nenhuma realidade em si mesma... a mente humana pode parecer quase mágica em seu funcionamento.

A visualização funciona de maneira semelhante. Uma imagem aparece e sentimos que alguma coisa deve ter provocado o seu aparecimento; mas não há nada. Essa é a qualidade mágica da mente. Depois de ter visto essa força da mente e nos termos familiarizado com ela, podemos dirigi-la e utilizá-la para propósitos mais elevados. Quando, por exemplo, utilizamos a água de um rio, ela pode ser-nos muito valiosa na produção de eletricidade; entretanto, a água propriamente dita não terá grande valor se não for aproveitada na produção de energia. Quando não utilizamos a mente de modo adequado, estamos deixando escapulir a energia. Quando, porém, a utilizamos de forma correta, a mente se revela possuidora de recursos muito maiores do que os que havíamos imaginado possíveis. No interior da mente humana existe um grande potencial; mas, em virtude de ser a nossa mente muito indisciplinada, de ordinário só podemos interagir com uma idéia ou com uma imagem de cada vez. A visualização pode ser muito útil na canalização da energia e da força necessárias para exercitar, revigorar e desenvolver a mente.

As melhores visualizações desenvolvem-se de um modo natural. Uma vez que o processo de visualização começa de fato a trabalhar, é possível a ocorrência de uma infinidade de fenômenos naturais. Certas práticas podem produzir efeitos muitíssimo poderosos e algumas dessas práticas, se forem forçadas, poderão ser perigosas não só física mas também mentalmente, sobretudo se não compreendermos o que estamos fazendo. Quando essas energias não são empregadas de forma construtiva, elas simplesmente se estagnam e se perdem — e, o que é ainda pior, podem ser nocivas. Por conseguinte, é extremamente importante trabalhar com muito cuidado com essas energias e integrá-las de modo que venham, na realidade, a alimentar-nos.

Canalizada através da visualização, muito poderosa, a energia mental, em determinadas ocasiões, é sumamente assustadora. Podem surgir diante de nós certas formas ferozes — mas essas formas não se destinam a aterrorizar-nos, senão a ensinar-nos que os estados por elas manifestados não passam de uma parte da natureza da nossa mente, e que, usados de forma apropriada, esses estados geram energia mental positiva. A visualização nos ensina a usar a mente toda.

Depois que ficamos sabendo o modo com que se pode usar a visualização, a própria visualização nos ensina como devemos prosseguir. Já não são necessárias explicações sobre o nível conceitual porque o propósito, o valor e o significado se revelam como num sistema de *feedback* automático. A visualização funciona de uma forma natural, sem que seja preciso fornecer ao sistema novas informações. A mente não tem que dizer como se medita ou como se visualiza. Ela já faz isso com perfeição.

ATENÇÃO PLENA

*Uma vez que tenhamos tocado a atenção plena
nossas perguntas se dissolvem,
pois tanto as perguntas quanto as respostas
estão dentro da meditação.*

A atenção meditativa tem três qualidades primordiais: a primeira é calma, a segunda, a abertura e a terceira, a harmonia. Quando praticamos a meditação, nós nos tornamos naturalmente calmos, relaxados e confortáveis, e constatamos que a meditação é sedativa e agradável.

Depois de estabelecermos este fundamento básico do relaxamento, surge uma qualidade de abertura e aceitação que está isenta de dúvida, de preocupação e de jugamento. Já nos preocupamos menos com a "meditação" e com o "meditador", ou com o procedimento "correto" e "incorreto". Nesse estado natural da meditação não subsistem perguntas.

À medida que perdemos nossos apegos e ansiedades, vivenciamos uma sensação de clareza, de harmonia e de inteireza — uma sensação de vigília que é muito bonita. Nesse momento, podemos ver nossos pensamentos e emoções com muita lucidez e, apesar disso, não somos distraídos nem importunados por eles.

Depois de vivenciar essas três qualidades da meditação, vivemos a sua influência em cada pensamento, em cada palavra e em cada ato da nossa vida diária; temos um sentimento "despertado" de alegria, de clareza e de realização numa espécie de visão verdadeira. À medida que vivenciamos a meditação, a atenção aumenta e, na realidade, passa a fazer parte de nós.

Na atenção pura, a nossa meditação é semelhante ao céu aberto — é semelhante ao espaço vazio. Não há sujeito e não há objeto. Quando nos concentramos em certos objetos, relacionamo-nos com o espaço de uma forma dualística — olhamos para os objetos através dos padrões mentais que criamos para julgar e discriminar a nossa versão da realidade. Esses padrões mentais implantam uma infinidade de relações entre sujeito e objeto. Passam, então, a existir o desejo, o apego e a ansiedade, que dão origem ao ego.

A atenção pura existe no último momento anterior ao aparecimento desses padrões iniciais. Quando despertamos de manhã, por exemplo, a vista, a audição e o tacto percebem o ambiente com muito frescor e agudeza. Em seguida, porém, inventamos "histórias de sentidos", que se parecem com histórias para crianças. A atenção pergunta: "A quem pertencem esses sentidos?" E, de repente, pensamos, "Quem pertence a este 'eu'? Quem está vendo, ouvindo e tocando?" Não reconhecemos que tudo faz parte de um processo natural e integrado. Em vez disso, interferimos e dizemos: "eu vejo; eu provo; eu sinto," e principia a conceitualização subjetiva. Pois esse "pertencer a alguém" sempre necessita de alguém ou de alguma coisa a que possa agarrar-se.

Esse é o princípio do ego. Começa com o estabelecimento do "eu", que não se dá conta do seu estado original de estar livre de si mesmo; e assim, com o ego, vem a separação e a dependência. Teoricamente, é desse modo que se desenvolve o ego. Praticamente, o que está acontecendo é que cada momento passado está sendo constantemente reforçado no presente, de modo que o ego desenvolve padrões de hábitos muito vigorosos. E continua a dividir e a separar a experiência até desenvolver uma visão particular do mundo. As percepções dos nossos sentidos se conformam então com essa visão, de modo que, quando olhamos, já não "vemos" verdadeiramente. Temos dificuldade para voltar atrás, para voltar à atenção pura, porque somos controlados por nossas idéias, e as idéias criam separação. Em outras palavras, "Quem está fazendo?" O "fazedor" sou "eu". Esse eu, na realidade, é uma parte da atenção, porque se manifesta de dentro da atenção. Mas já não podemos ver a conexão, de modo que nossas interpretações e conceitos produzem uma mente acanhada, limitada.

N ão é tão fácil assim passar além da conceitualização e vivenciar, com efeito, o estado não-discursivo. A mente ou a consciência está-se relacionando sempre com o "me" — com um ponto de vista subjetivo. Quando estamos meditando conscientemente, sentimos que as instruções estão chegando para "mim" porque "eu" sou o que medita, ou que "eu", o sujeito, estou dentro da meditação. Temos dificuldade em aceitar o fato de que, a forma de meditar é simplesmente "deixar ir" os preconceitos e expectativas e limitar-nos apenas a "ser". Uma vez conseguido isso, compreenderemos que a meditação consiste, tão-só, em viver no presente e não ficar preocupado com memórias passadas ou expectativas futuras. Mas precisamos também tomar cuidado para não agarrar o presente; temos de deixar que se vá toda e qualquer posição, até mesmo a atual.

Para onde quer que vamos, ou o que quer que estejamos fazendo, quando deixamos de agarrar a nossa experiência, podemos desenvolver a nossa percepção e descerramos um vasto depósito de conhecimentos que nos guiarão espontaneamente a partir desse momento. Quando deixamos de tentar agarrar a experiência, podemos transcender o ego, e assim, vivenciar a atenção. A atenção meditativa não tem posição, não "pertence" a ninguém nem a nada — nem à mente nem à consciência. A atenção não tem conceitos nem instruções. Não focaliza nenhum objeto determinado. Dentro da atenção ficamos livres até da "idéia" de meditação.

Quando meditamos, gostamos de sentir que estamos fazendo alguma coisa substancial, provando uma experiência específica, como a beleza, a alegria ou a calma. Esse apego à experiência nos amarra à nossa consciência comum. Por isso precisamos livrar-nos desse agarramento — desse coligir e comentar experiências. Precisamos cortar esses níveis sutilíssimos de apego e passar além de qualquer posição que estejamos tomando — além dos sentidos, além dos conceitos, além da meditação.

Enquanto não desenvolvermos o desapego, teremos sempre de lutar com os nossos conceitos, as nossas dúvidas e as nossas emoções, com perguntas para saber se estamos meditando corretamente, se estamos fazendo progressos ou se estamos atingindo a iluminação. A iluminação, entretanto, não chega nunca, porque vivemos tão apertadamente apegados aos nossos desejos e às nossas expectativas que a nossa atenção não se liberta.

É importante, pois, penetrar primeiro a concentração e, tanto quanto nos for possível, deixar que se vão até os mais sutis apegos mentais. Quando vivenciamos a atenção e deixamos expandir-se as energias naturais da mente e do corpo, então podem surgir pensamentos — mas, como estes fazem parte da atenção, se não os agarrarmos, eles limitar-se-ão a reluzir ao passar. Só perdemos o equilíbrio e a atenção quando ficamos fascinados por esses pensamentos e nos agarramos a eles. Cada vez que procuramos alcançar um pensamento, nos distanciamos da atenção. É como subir pelos galhos de uma árvore para alcançar uma maçã — quando vamos longe demais, perdemos o equilíbrio e caímos.

Assim, toda vez que ocorrerem pensamentos ou julgamentos, podemos deixá-los passar; podemos deixar passar o meditador e qualquer "coisa" meditada. Quando permitirmos que flua livremente a energia positiva desse estado natural da mente, nossas energias corporais também começarão a mover-se livremente. Nesse ponto é fácil meditar porque não há nada para prat car, nada para fazer, nada para realizar... há apenas a plenitude do ser. Assim sendo, nossa experiência é a nossa meditação e a nossa meditação é a nossa experiência.

120

Dentro da atenção podemos experimentar outro reino, outra espécie de mundo. Esse é o princípio do desenvolvimento dos nossos potenciais "psíquicos", que são uma parte natural do nosso ser. Quando alcançamos certa abertura, podemos ter experiências inusitadas, que talvez nos assustem se não soubermos como lidar com elas ou como passar além delas. É possível desenvolver o potencial para essas experiências muito depressa,

sobretudo quando estabelecemos o contacto correto com certas energias. Por isso é importante agir com muito cuidado e permanecer atento e equilibrado. De outro modo, podemos cair na armadilha de uma experiência ou prosseguir numa direção que não é sadia.

Sobretudo nessas ocasiões, é importante poder contar com um mestre ou com um amigo de confiança que tenha vivenciado esses níveis e seja capaz de familiarizar-nos com o caminho. Há certas instruções dentro da literatura tradicional que podem ser proveitosas, mas cada indivíduo terá experiências diferentes e, por conseguinte, as instruções diferirão para cada pessoa. Por isso mesmo precisamos ser cautelosos; nossas fantasias poderão deixar-nos confusos. Se quisermos "voar", um bom mestre pode nos mostrar o mapa para que possamos pousar no lugar certo.

Por vezes, quando a nossa meditação vai indo bem, podemos começar a preocupar-nos porque não estamos tendo nenhuma dessas experiências "mística" ou "psíquica" que esperávamos encontrar, não estamos fazendo progressos. Mas não devemos nos preocupar com o fato de vermos ou não cores ou imagens, ou de podermos ou não voar astralmente através do universo, pois essas experiências não são muito importantes e, na verdade, poderão acarretar-nos dificuldades.

Experiências que se encontram além da nossa compreensão habitual e que são muito bonitas podem ocorrer naturalmente a certos meditadores altamente qualificados, ou até mesmo a nós. Mas elas não indicam necessariamente que estamos "avançados" ou "espiritualmente evoluídos". Tais experiências só dependem das qualidades da nossa consciência. Até mesmo quando elas ocorrem de forma natural, se nós nos apegarmos a essas experiências, elas poderão vir a ser um estorvo para um progresso autêntico. Podemos não estar dispostos a passar além delas. Podemos até não saber que essa possibilidade existe para nós.

A verdadeira prova do nosso poder e do nosso progresso é a nossa capacidade de transformar nossos obstáculos e emoções em experiências positivas. À medida que a nossa vida cotidiana se torna mais equilibrada e as emoções negativas perdem a sua capacidade de nos fazer sofrer, os benefícios e os resultados diretos da meditação começam a operar em níveis muito sutis. Se pudermos manejar os nossos problemas com maior facilidade, se pudermos equilibrar as nossas emoções e transformar tudo o que houver de negativo em algo positivo e alegre, estaremos realmente obtendo resultados com a nossa meditação.

A idéia básica é a de que a nossa meditação está em toda parte. Podemos descobrir uma forma de beleza até nas nossas emoções negativas, nas nossas obsessões ou conceitos – uma beleza interior sorri para nós e se irradia de nós. E quem será o "nós"? A própria atenção. Antes, não a víamos ou não nos dávamos conta dela; mas agora descobrimos que a a atenção já está aqui. Ela está presente em todos os momentos, e a nossa prática, a nossa vida e o nosso trabalho no mundo se tornam mais fáceis e partilham dessa qualidade de abertura. Já não percebemos os problemas que existem em nossas vidas, nem as meditações como obstáculos insuperáveis, e podemos até desejar que tivéssemos sabido antes que não seria preciso lutar tanto.

Depois de havermos atingido a atenção meditativa, nossas perguntas se dissolvem, pois tanto as perguntas quanto as respostas estão dentro da meditação. Quando, por exemplo, vamos a um lugar onde nunca estivemos antes, um sem-número de perguntas nos acode a respeito desse lugar mas, depois que o tivermos visitado, a nossa experiência passa a ser a resposta às nossas perguntas.

Ainda que, de tempos a tempos, sejamos incapazes de estabelecer contacto com a atenção meditativa, nunca a perderemos, pois poderemos sempre redespertar a nossa atenção, deixando que se vão o "sujeito" e o "objeto", e entrando em nosso silêncio interior. É aí que o nível mais profundo da percepção se desenvolve naturalmente. Quando vivenciamos esses ensinamentos de modo que possamos compreendê-los dentro de nós mesmos, e quando praticamos com seriedade e devoção, a atenção estará sempre à nossa disposição.

Quanto mais desenvolvemos essa atenção, tanto mais iluminada e viva se torna ela para nós. Os pensamentos já não nos distraem; podemos permanecer abertos, claros e equilibrados. Essa qualidade penetrativa e aberta é como a luz do sol, que brilha em todas as direções. Quando não tomamos posições, a porta para a iluminação se abre de todo, e compreendemos de forma muito natural o que se chama mente "universal", infinito ou compreensão genuína.

Assim sendo, depois que você compreender alguma coisa, por pouco que seja, continue, e verificará que os seus fardos se tornarão mais leves e fáceis, e você se tornará mais confiante e aberto. Então você, você mesmo, se tornará os ensinamentos, pois o universo inteiro é a atenção da sua própria mente.

DESENVOLVENDO EQUILÍBRIO

*Quando temos a atenção meditativa
sabemos como atingir cada experiência
e, conseqüentemente, não somos
empurrados nem presos em armadilha pelas
expectativas, decepções ou desilusões.*

De uma perspectiva fundamental, só existe a atenção plena. A própria atenção não tem nenhum obscurecimento; por isso, aceita todos os modelos, toda experiência. Assim que as "experiências" são filtradas através dos sentidos e os padrões perceptuais começam a acumular-se, todas as imagens, memórias e reflexões formam o que denominamos "consciência". Isso não quer dizer que nasce então uma consciência substancial, original ou específica. Nós *pensamos* que há uma consciência, mas é apenas uma coleção de padrões acumulados como a poeira: a essa acumulação damos o nome de "self". Se pudéssemos acabar com todos os padrões, de modo que se esvaziasse a sala da mente, não encontraríamos consciência alguma. No "fim" da consciência, a própria consciência já não funciona. Foi transcendida. Só subsiste a atenção — a atenção presente, que está sempre à nossa disposição dentro do nosso corpo, dentro da nossa energia.

Aluno: Como posso saber que estou atento? Meus sentimentos mo dirão?
Rinpoche: Não. Os sentimentos estão dentro da consciência. Existe atenção *dentro da* consciência — atenção de alguma *coisa* — e existe atenção *além da* consciência. Enquanto tivermos atenção *de* alguma coisa, ela estará dentro da consciência — estamos conscientemente cientes da existência de árvores e montanhas, e assim por diante. Organizamos nossa experiência de um modo abstrato, de acordo com certos modelos, por meio de palavras e conceitos, imagens e idéias, mas o estado místico ou estado meditativo superior da atenção não existe dentro da consciência. Ele vai além da compreensão dos sentidos, além dos símbolos, dos conceitos e das idéias. Sem

essa atenção mais profunda, ainda estamos sob o domínio dos nossos atos habituais, mesmo que possamos estar experimentando emoções muito leves, positivas, dentro das nossas meditações.

Aluno: Sinto-me um tanto confuso quanto à meditação que focaliza alguma coisa, como uma visualização, ou quanto às instruções do mestre para meditar de determinada maneira.

Rinpoche: A visualização é um modo de meditar, e muito útil no princípio. Os meditadores avançados, no entanto, compreendem que ninguém está fazendo nada. É para isso que apontam as instruções e, quando o compreendemos, já não precisamos delas, porque já estamos "lá".

Aluno: Que conexão existe entre "concentração", "consciência" e "atenção"?

Rinpoche: Quando nos concentramos, é possível que a nossa consciência esteja funcionando, mas nós não estamos atentos. Consciência sem atenção é como leite sem nata ou, então, como laranja sem sumo.

Aluno: É possível ter atenção sem concentração?

Rinpoche: É. E é isso que estamos tentando desenvolver. Em primeiro lugar, nos concentramos; em segundo lugar, estamos conscientemente atentos e, em terceiro lugar, a nossa atenção meditativa aumenta e se desenvolve até que, finalmente, a atenção surge ilimitada. É muito importante quebrar nossos blocos de construção conceituais pois, de certa maneira, a concentração constrói uma concha em torno da meditação... alguma coisa tangível ou substancial com a qual podemos associar-nos. A atenção direta procura penetrar a concha.

Aluno: Como podemos abrir mão da consciência e ainda ficar com a atenção?

Rinpoche: Precisamos deixar que se vá qualquer idéia, qualquer posição, qualquer tipo de concentração a que estejamos agarrados. Limitamos a atenção escondendo-nos em nossos pensamentos. O perigo reside no fato de que todas as imagens e pensamentos espontâneos na meditação se tornam tão fascinantes que não queremos renunciar a eles; por isso mesmo nos limitamos a ficar dentro deles, e pensamos que somos muito poderosos e que temos tudo sob controle — a *nossa* mente, os *nossos* pensamentos, a *nossa* meditação. Determinadas visualizações e mantras nos ajudam a construir uma ponte entre a consciência e a atenção e, assim, nos ajudam a desistir desse tipo de meditação consciente. Podemos também purificar o nosso corpo, a nossa fala e o nosso coração praticando ações positivas.

Aluno: A concentração pode ser um modo de construir a nossa atenção?

Rinpoche: Gradativamente, sim, mas é preciso muito tempo para construir solidamente a concentração, e o desenvolvimento de uma concentração vigorosa não quer dizer necessariamente que estamos também desenvolvendo a atenção.

Aluno: Como é possível saber quando estamos meditando corretamente?

Rinpoche: O nível inferior da meditação está sempre envolvido com a dualidade, com um "eu" que se dá conta de alguma "coisa", ao passo que o nível mais elevado da meditação se situa além da consciência. A distinção está entre estar ciente de um objeto – percepção categórica – e apenas estar ciente – atenção intrínseca. A consciência colige impressões mentais, ao mesmo tempo que a atenção não o faz. Quando estamos cientes de pensamentos, imagens e objetos dentro da meditação, ainda estamos ligados às percepções sensoriais, categóricas, da consciência. E enquanto estivermos dentro da consciência, vivenciaremos diversas sensações, emoções e interpretações físicas: para cima, para baixo; feliz, infeliz; equilibrado, desequilibrado.

Muitas vezes, quando meditamos, podemos achar que temos menor quantidade de convulsões emocionais ou menor quantidade de perturbações e distrações. Mas isso não quer dizer que estamos transcendendo o nível comum, pois os modelos negativos passados ainda subsistem. A observação dos nossos pensamentos, o exame das nossas emoções e a concentração em aprimorar nossas percepções são instrumentos temporários que nos podem fazer felizes e alegres. Se quisermos, todavia, desenvolver a atenção meditativa, precisamos transcender a atenção sensorial ou intelectual, que focaliza objetos. Em outras palavras, precisamos passar além da consciência.

Aluno: Como é que a gente passa além da consciência?

Rinpoche: Pela atenção direta! Entretanto, parece que, ao meditar, estamos sempre querendo fazer alguma coisa – estabelecer contacto com algo substancial. Estamos sempre querendo resultados... pois, a não ser assim, temos a impressão de que a nossa experiência não valeu a pena. Podemos meditar durante quatro ou cinco anos sem encontrar nada que seja palpável e a nossa meditação pode parecer-nos escura, monótona e enfadonha. Podemos ficar decepcionados e deixar de meditar. De sorte que a situação é difícil – pois estamos procurando exatamente o que estamos abandonando!

Aluno: O senhor está querendo dizer que o que aprendemos com a meditação pode fazer-nos abandonar a nossa prática?

Rinpoche: O que abandonamos são as nossas expectativas. Isso pode transtornar-nos, pois geralmente entendemos que, se não pudermos possuir alguma coisa, é porque ela não tem nenhuma relação com o *me*.

Aluno: Nesse caso, quais são os benefícios da meditação, se ela não tem nenhuma relação com o *me*?

Rinpoche: Os benefícios não são palpáveis. Encontram-se no fato de não assumir posições e no de transcender o ego tanto quanto nos é possível. A atenção não é uma "coisa" tangível, e essa "não-coisa" especial não pode ser agarrada e tampouco pode ser apontada. Nem mesmo o *nada* significa alguma coisa. A atenção não tem mãos. Se falarmos a seu respeito, estaremos apenas fazendo barulho. E assim que compreendermos esse fato mais profundamente, poderemos pensar de repente: "Que é o que eu estou fazendo? Aparentemente, não há valor algum em estar aqui". Note-se, porém, que essa atitude é doentia.

Aluno: O *senhor* sente dessa maneira?

Rinpoche: Falo nisso porque as pessoas me perguntam com freqüência: "O senhor tem tido experiências?" Acreditamos que o fato de ter uma "experiência" é muito importante, e, por esse motivo, estamos sempre julgando as nossas meditações e censurando-nos porque ainda não tivemos uma "experiência". Isso pode transformar-se em paixão. Queremos sentir-nos agradáveis, quietos, calmos e equilibrados. Algumas pessoas acham importante ver visões, visitar outros reinos ou comunicar-se com espíritos invisíveis.

Aluno: Isso é muito melhor, digamos, do que estar deprimido.

Rinpoche: Sem dúvida. Mas quando nos aprofundamos mais *na* meditação, essas emoções já não estão presentes. Quanto mais vivenciamos os níveis superiores, tanto mais nos *tornamos* atenção – a experiência não nos distrai. Não a puxamos para nós e tampouco a empurramos para longe.

Aluno: É como se o senhor dissesse que, se uma pessoa se iluminasse, ficaria decepcionada.

Rinpoche: Exatamente. Eu penso assim. Ficamos decepcionados porque nossas espectativas não se realizam. Nós criamos e edificamos fantasias incríveis – tudo o que poderíamos imaginar ou desejar – mas quanto mais desenvolvemos a atenção superior, mais compreendemos que essas suposições, esses sonhos e essas fantasias não existem.

Não é perigoso lançar de nós as nossas ilusões mais queridas? Pode ser que tenhamos meditado uma ou duas horas todos os dias durante seis ou sete anos, na crença de estar ganhando alguma coisa, mas agora compreendemos que não há nada para ganhar.

Você poderia perguntar: "Por que deveria eu preocupar-me em meditar? Se a meditação não traz benefício algum para as minhas sensações, para minhas percepções, para meu estado físico ou mental, que benefício traz"?

Aluno: Ela não é boa para alguma coisa?

Rinpoche: Ela pode nos ajudar a ser alegres e calmos. Ela pode nos ajudar a equilibrar os nossos corpos e as mentes. Mas, à medida que a vivenciamos com maior profundidade, veremos que essa espécie mais elevada de meditação simplesmente *é*; não tem nenhum propósito em si mesma.

Aluno: Mas, então, por que o senhor ensina a meditação?
Rinpoche: O propósito do ensino é proporcionar uma decepção às pessoas. As pessoas precisam decepcionar-se! Há sempre uma decepção quando esperamos alguma coisa.

Aluno: Eu *espero* a decepção — não preciso disso!
Rinpoche: Essa é a única maneira com a qual você pode despertar. Logo que chegarem mais decepções, você pode despertar.

Aluno: Eu deveria estar bem desperto.
Aluno: Parece que uma vida cheia de casos de amor seria mais fácil do que a meditação.
Aluno: A vida nos proporciona grande quantidade de decepções.
Rinpoche: É verdade. A pessoa que é um bom meditador está sempre aprendendo, sempre trabalhando com a decepção. Ela sabe como lidar com o mundo e com toda e qualquer experiência que se lhe depara na vida diária — esse é o *verdadeiro* processo de aprendizagem. Na realidade, olhar para as nossas vidas é a maneira mais inteligente de meditar pois, a não ser assim, limitar-nos-emos a viver as nossas vidas sem usufruir os benefícios da nossa compreensão espiritual.

Digo, portanto, que a meditação nos traz de volta à vida. Talvez tenhamos de lutar mas, se estivermos determinados a transpor os obstáculos em vez de tentar escapar deles ou evitá-los, podemos experimentar tudo — o ver, o ouvir, o provar, o cheirar, o tocar e o ficar ciente de alguma coisa — e dançar com cada uma das situações em lugar de precisar esconder-nos ou proteger-nos contra elas. Quando temos a atenção meditativa, sabemos como tocar cada experiência diretamente e, em conseqüência disso, não seremos puxados para dentro nem seremos apanhados em armadilhas pelas expectativas, pelas decepções ou pelas desilusões. Quando vivemos dessa maneira, a vida se nos afigura significativa e valiosa.

De ordinário, contudo, sentimos a monotonia e a agitação negativas, e a felicidade e a alegria, positivas. Estamos sempre tomando posições. A atenção, todavia, não é feliz nem triste, não é positiva nem negativa. A atenção não toma posição além do equilíbrio. Podemos aprender, por exemplo, a deslocar-nos muito depressa entre estados emocionais. Durante dois minutos podemos estar zangados e durante dois minutos podemos estar tranqüilos. Durante dois minutos deprimidos e durante dois minutos alegres, passando de uma posição para outra muitas vezes, do negativo para o positivo e do positivo para o negativo. Gradualmente, podemos desenvolver uma flexibilidade tão grande que podemos estar em qualquer uma das posições com facilidade. Não estamos fixos. Antes não podíamos escolher como havíamos de ser. Agora podemos.

Aluno: Quem pode escolher?

Rinpoche: A mente pode. Se estivermos zangados, deprimidos ou em algum outro estado emocional qualquer, e podemos mudá-lo imediatamente, estaremos desenvolvendo, de repente, a flexibilidade e o equilíbrio. Geralmente nos limitamos a expressar as emoções e ficamos encerrados numa emoção específica, num drama ou relacionamento. Depois levamos muito tempo para acalmar-nos, para analisar ou digerir a situação e transformar a experiência em algo mais aceitável. Mas a atenção é rápida. É como uma descarga elétrica. Podemos mudar instantaneamente qualquer situação.

Aluno: O senhor está dizendo então que, quando surge uma situação, em lugar de apenas reagir a ela, devemos experimentá-la? Quando alguém diz alguma coisa, podemos ficar zangados com isso ou ficar felizes com isso? Podemos experimentar?

Rinpoche: Certo. Faça uma experiência com os seus pensamentos e com as suas reações. Você conhecerá momentos em que isso o tornará feliz e momentos em que isso o deixará perturbado. Você pode estar agarrado a uma certa auto-imagem; ou pode não querer sinceramente reconhecer uma verdade a seu respeito. Você pode chegar à conclusão de que não se sente confortável movendo-se rapidamente de um estado para outro. Talvez lhe seja difícil ficar calmo e, depois de ficar calmo, talvez ache muito difícil ficar zangado, e muito difícil voltar a ficar clamo. De modo que você, às vezes, precisa ser firme no penetrar a sua resistência. Observe com muito cuidado o que é que está segurando e qual é a raiz do bloqueio. Exercite o deslocamento para a frente e para trás bem depressa, explorando o lado oposto.

Aluno: Mas que acontece ao processo de tomada de decisões? Que é que eu devo fazer com a minha vida? Qual é o melhor modo de agir numa situação?

Rinpoche: Confie na sua percepção, que o seu corpo e a sua mente tomarão conta de si mesmos.

Aluno: O senhor quer dizer que não tem importância o que se faz, nem a espécie de trabalho em que se está envolvido?

Rinpoche: Você não pode errar nem ser prejudicado, porque a atenção é como o sol, que sempre fornece luz... e nunca escuridão. Por que é tão importante dar ênfase à atenção? Porque ela não coleta emoções nem obscurecimentos, não acumula padrões de hábitos, não cria sofrimento. A atenção é como o lótus — tem raízes no lodo, mas a flor propriamente dita é sempre pura. Por conseguinte, tanto quanto lhe for possível, aumente a atenção todos os dias.

Para desenvolver a atenção, em primeiro lugar temos de saber como meditar corretamente. Em segundo lugar, precisamos saber como ir além da meditação. E em terceiro lugar — nos ensinamentos mais avançados — temos de saber o que devemos fazer para renunciar a ela! Quando eu digo, "Renuncie à meditação", estou querendo dizer que você tem uma *idéia* conceitual da meditação. É a *isso* que você deve renunciar. Não estou dizendo que você não deva meditar. Você deve abandonar a idéia conceitual da meditação, mas continue em estado de atenção. Antes você pode ter meditado trinta minutos ou uma hora — de manhã e de noite — mas agora você precisa meditar durante *o tempo todo*.

Aluno: O senhor está dizendo que deveríamos talvez desistir de outra prática de meditação?
Rinpoche: Sim, a qualquer momento em que você se identificar com a "sua" meditação. Se você tem sensações, noções, idéias ou conceitos no tocante à meditação, você deve abrir mão de todos eles. A meditação não tem estrutura — ela não é "sua". Em outras palavras, quando você desenvolve a atenção já não existe nenhum você. Compreendeu? A sua atenção está desligando do seu ego.

Este é o desafio. Você não tem necessidade de fazer nenhum esforço adicional. Limite-se a permanecer completamente equilibrado na mente e no corpo e, ao mesmo tempo, mantenha aberta a sua atenção. A meditação não passa além da sua cabeça — a meditação não é uma idéia. As cabeças só criam idéias, nada mais. Nesse nível da atenção, as idéias que se perpetuam não têm valor algum, pois você está dentro do pensamento — você se passa a ser atenção. Você continua a estar inteiramente atento, mas nem mesmo está necessariamente cônscio disso. Por conseqüência, sente-se e medite — isso é muito bom — mas você precisa abrir mão do conceito ou da noção da sua meditação. Depois que tiver renunciado a isso, expanda o que quer que tenha sobrado, sem o segurar. Isso é atenção. Mantenha-a viva, praticando com cuidado e habilidade dias. À proporção que aumenta a atenção, nada pode limitá-la, nem mesmo a meditação. Dessa maneira, você poderá tornar-se completamente aberto e equilibrado.

Quinta Parte

TRANSMISSÃO

O RELACIONAMENTO MESTRE-ALUNO

É difícil encontrar um mestre qualificado, e igualmente difícil aceitar a responsabilidade de ser um bom aluno. Isto não significa simplesmente trabalhar com afinco, senão ser receptivo, aberto e devotado ao mestre.

No Ocidente, há um grande desejo de conhecimento, que é tido em grande estima; mas o que se entende por conhecimento entre os ocidentais é, de ordinário, mera erudição — um acúmulo de informações que essencialmente não dão importância ao conhecimento proveniente da experiência direta. A importância da transmissão dos conhecimentos, que liga o mestre ao aluno num processo dinâmico, tem sido essencialmente negligenciado. A atitude para com o saber parece, às vezes, muito mecânica — pagamos uma determinada taxa e esperamos receber uma ou duas perspectivas inteligentes, ou algumas "técnicas" úteis.

O tradicional relacionamento entre mestre e aluno, baseado no saber e na partilha, na devoção sincera e na gratidão, tem aqui poucos proponentes. Os estudantes coligem informações dos professores, os quais, por seu turno, passaram com êxito pelo mesmo processo, e a única responsabilidade de cada lado supõe uma troca de informações. É raro existir algum envolvimento pessoal de qualquer um dos lados e, freqüentemente, tanto os alunos como os mestres se esquecem uns dos outros logo que termina o curso.

A tradição de passar do mestre para o aluno o conhecimento oriundo da experiência foi quase esquecida aqui no Ocidente, conquanto esse relacionamento existisse em algumas tradições esotéricas européias poucas centenas de anos atrás. Mas, depois que se rompe, o elo entre mestre e aluno é difícil de consertar, e o conhecimento experiencial para a ser de difícil obtenção. Pois embora seja o estado natural da mente, e haja assim raras ocasiões de estabelecer contacto espontâneo com essa atenção, sem um guia adequado é difícil desenvolver a base necessária para sustentar, dirigir e integrar uma experiência dessa natureza na vida diária.

Nos últimos anos, um bom número de mestres de várias tradições veio para este país – e certos ensinamentos parecem haver criado raízes. De certa forma, o espírito "revolucionário", que ainda está vivo neste país, ajudou – há uma abertura, uma aceitação de diferentes povos e modos de pensar. Mas a "tradição", muitas vezes, é vista com desconfiança, de modo que, se bem grande parte do conhecimento trazido para o Novo Mundo por mestres do Oriente exerça certo fascínio, há uma propensão para tentar passar por cima das maneiras tradicionais – e para tentar obter esses novos conhecimentos utilizando sistemas ocidentais em vez dos métodos tradicionais, considerados, com freqüência, irracionais e ineficazes. Ou podemos estar tão acostumados ao nosso enfoque erudito que, conquanto não gostemos particularmente dele, nos sentimos ainda mais inconfortáveis quando entramos em contacto com o calor do relacionamento tradicional entre o mestre e o aluno, que exige um elo íntimo de mútua confiança e fé.

Existe no Tibete uma espécie de veado que fornece um almíscar de suma utilidade para o fabrico de perfumes e remédios. Os caçadores fazem qualquer coisa para conseguir essa substância, pouco lhes importando a vida do veado. Da mesma maneira, os alunos, às vezes, parecem avaliar o mestre apenas pelo que ele pode dar-lhes – cuidam poder comprar-lhe a cabeça. Mas essa atitude desorganiza o processo de aprendizagem, visto que a evolução de um relacionamento salutar de mútuo repeito e apreciação é essencial não só para o aluno mas também para o mestre. É especialmente importante para o aluno, porque não há jeito de atingir o conhecimento genuíno senão através da experiência direta – e esse processo de aprendizagem necessita da orientação de um mestre.

Muitas vezes procuramos colecionar ensinamentos como colecionaríamos selos; entendemos que, coligindo algumas informações aqui e ali – alguma coisa do Hinduísmo, do Sufismo, do Kagyu, do Nyingma, do Zen – estamos adquirindo conhecimentos. Mas a simples captação de coleções esporádicas de definições, conceitos e técnicas pode ser mais nociva do que proveitosa; fragmentos tirados do contexto perdem, não raro, o seu significado e podem dar-nos uma visão distorcida dos ensinamentos envolvidos.

Os mestres têm estilos e personalidades distintas; podem até não concordar um com o outro no nível comum – mas isso está certo, pode mesmo ser de grande valor. Se não fosse necessária tal variedade, existiria um ensinamento apenas e um tipo apenas de prática. Mas o estudante não deve sentir-se fascinado por essas diferenças nem ser habitualmente muito exigente na escolha entre os vários mestres disponíveis, ou mesmo entre os desempenhos aparentemente conflitantes do mestre escolhido.

A principal preocupação do aluno há de ser cultivar um relacionamento positivo com o mestre e preservá-lo até que desabroche a plena compreensão.

Por isso parece importante, primeiro que tudo, pensar com muito cuidado no que se precisa ter para ser um bom mestre e, depois, ter a certeza de que o mestre escolhido é alguém em quem se pode confiar, alguém que se pode seguir ainda mesmo que o caminho se apresente mais difícil do que se esperava. Seguir as instruções de um mestre não significa aceitar cegamente o que quer que ele nos diga... mas, depois de levar o tempo necessário para escolher com a máxima cautela um mestre que inspire fé e confiança, é importante que mantenhamos uma abertura para a sua orientação. Precisamos tomar cuidado para não nos deixarmos limitar por idéias preconcebidas sobre como deve ser um mestre. As imagens externas, com grande freqüência, significam muito para nós — queremos que os nossos sentidos sejam estimulados, ou queremos "boas vibrações". Desejamos outrossim que o caminho seja aprazível e que seja percorrido com facilidade. Mas um mestre, como um presidente, não há de ser escolhido pela sua aparência.

Um mestre do qual podemos fiar que saberá guiar-nos deverá ter uma compreensão experiencial dos ensinamentos fundida com a compaixão. Importa igualmente que ele compreenda os seus alunos e queira, de fato, ensiná-los, e ainda que esteja livre de motivações emocionais ou egoístas — pois estas podem distorcer o relacionamento. Em outras palavras, é preciso que ele saiba o que está fazendo.

O próprio mestre terá de ser equilibrado, de modo que possa dar equilíbrio aos seus discípulos. Muitas tradições, porém, tendem a dar ênfase a um aspecto do treinamento em detrimento de outros. O mestre muitas vezes pode não oferecer um sistema bem torneado de ensinamentos — ele pode enfatizar a meditação sem o necessário treinamento filosófico, ou a sua erudição pode não se combinar com uma experiência prática suficiente para criar o equilíbrio. Por isso é importante verificar se o mestre dá ou não igual ênfase ao estudo e à prática.

É difícil encontrar um mestre qualificado, e igualmente difícil aceitar a reponsabilidade de ser um bom aluno. Isso não significa simplesmente trabalhar com afinco, mas também ser receptivo, aberto e devotado ao mestre. Como o sistema educativo ocidental não as estimula particularmente, tais qualidades são, às vezes, difíceis de manter.

Um entusiasmo freqüentemente nos motiva quando primeiro começamos a seguir um caminho espiritual, mas muitas vezes carecemos da estabilidade ou da perseverança necessária para persistir depois que a fascinação inicial se dissipa. Somos atraídos pelo brilho da lâmpada dos ensinamentos, mas fugimos dela quando o calor se torna desagradável. A novidade do relacionamento poderá, talvez, reter-nos por algum tempo, mas, depois desse tempo, nossas expectativas não se concretizam, ou o mestre nos pede que façamos alguma coisa de que não gostamos, ou ainda exige disciplinas que nos parecem cerceadoras da nossa liberdade. Por isso, podemos dizer a nós mesmos que já recebemos ensinamentos suficientes e nos afastamos — muitas vezes para procurar outro mestre, "melhor" que o primeiro.

Mas quando deixamos um mestre em virtude de dificuldades surgidas em nosso relacionamento com ele, raras vezes dá certo sairmos à procura de outro, pois a dificuldade que não conseguimos aplainar é, quase sempre, apenas a manifestação de um obstáculo existente em nós mesmos. Depois de havermos assumido um relacionamento confiante e sério com um mestre, o rompê-lo pode acarretar muita decepção, não só para o aluno mas também para o mestre. Podemos até tornar-nos extremamente amargurados, com a presunção de que o tempo que passamos ao lado do mestre foi um tempo perdido. E uma preciosa oportunidade de crescimento pode transformar-se, em tais circuntâncias, numa situação sumamente negativa. Assim sendo, se tivermos um mestre, o melhor será assumir com firmeza o relacionamento, de modo que possamos realizar progressos autênticos em nosso caminho. De certa maneira, não importa sequer a aparência do mestre, pois é o *relacionamento* que conta. Esse relacionamento é único; não se parece com a amizade social comum, que raro dura por muito tempo — durará até atingirmos a completa iluminação. Essa é a meta e, se quisermos alcançá-la, precisamos trabalhar por protegê-la. O nosso "caminho" surge quando estabelecemos esse contacto, quando chegamos ao ponto em que a estrada se une a outra, onde encontramos um bom companheiro de viagem.

Ainda que o mestre, de certo modo, não seja o ideal e esteja longe de ser perfeito, quando nos recordamos de que tais distinções são menos importantes do que parecem — pois tudo o que realmente importa é a oportunidade de crescer e aprender — podemos usar essa oportunidade para estudar-nos com diligência e descobrir onde se encontram nossas fraquezas. E poderemos chegar finalmente à conclusão de que somos nós os faltosos, e de que o mestre estava apenas nos mostrando a nós mesmos. Quando aceitamos esse fato e aprendemos a fiar-nos do conselho do mestre — ainda que esse conselho esteja em conflito com o nosso entendimento ou os nossos desejos — o fruto do relacionamento começa a desenvolver-se, e começa a ser feito um progresso verdadeiro.

Um mestre consumado pode enxergar de mais de uma maneira — vendo não só os atos presentes, mas também as suas conseqüências. Portanto, quando seguimos o seu conselho, mesmo que não o compreendamos no momento, mais tarde verificaremos que ele nos beneficiou de modos que não poderíamos ter imaginado de antemão. Nesse momento talvez seja difícil para nós imaginar como pudemos não tomar conhecimento da ajuda que o mestre nos estava dando — das novas dimensões que ele estava abrindo para nós.

O relacionamento entre mestre e aluno pode ser a experiência mais estimulante da nossa vida, catalisando e enriquecendo um processo de crescimento de formas que não julgávamos possíveis. Ele pode também incentivar uma atitude aberta de nossa parte, que nos possibilita receber tudo o que o mestre tem para oferecer-nos. Tarefas difíceis podem ser exigidas de nós, mas, às vezes, padrões destrutivos de hábitos só podem

ser quebrados por uma grande perseverança de nossa parte. O mestre lá está para nos mostrar nosso potencial e nossas capacidades. Quando, afinal, ligarmos o conselho do mestre à nossa experiência e chegarmos a compreender o valor dos seus ensinamentos, seremos capazes de ver-nos com maior clareza e, destarte, trabalhar os problemas com maior eficácia. Olhando retrospectivamente para as nossas mudanças, seremos capazes de perceber a capacidade do mestre para transformar fatores negativos no que é salutar e valioso. Assim sendo, devemos permanecer confiantes no mestre, e cheios de fé; só então o verdadeiro aprendizado — que muitas vezes ocorre de maneira inesperada ou decepcionante — poderá verificar-se.

No relacionamento entre aluno e mestre existem ensinamentos externos, internos e ensinamentos secretos que podem ser transmitidos — todos costurados uns aos outros com a linha do relacionamento. Sem estabelecer contacto com essa linhagem de ensinamentos de um modo pessoal, íntimo, é muito difícil vivenciar o que significa "compreensão". Depois de fazê-lo, todavia, compreendemos a amabilidade do mestre — e desenvolve-se um relacionamento de fina qualidade apoiado na honestidade, na solicitude e na confiança. Nessa ocasião, a compaixão flui dessa nossa abertura e começamos a compreender a responsabilidade que temos para conosco e para com os demais.

O mestre, os ensinamentos e nós mesmos — eis os fundamentos necessários ao desenvolvimento espiritual. Os três precisam estar intimamente ligados para que ocorra o progresso autêntico e, se um deles faltar, o nosso crescimento terá sido tolhido. Juntos, são como bons amigos que confiam uns nos outros e podem contar uns com os outros. Para que os ensinamentos sejam transmitidos, precisamos permanecer abertos e receptivos — como uma túnica branca tingida com a cor dos ensinamentos. Ou, como o filme dentro da câmara, somos transformados na imagem do mestre quando expostos à luz dos ensinamentos.

Quando a transferência do mestre para o aluno é plena e aberta, sentimos realmente o mestre, os ensinamentos e nós mesmos como um só. Quando temos essa compreensão, tudo acontece como se antes vivêssemos num minúsculo quarto escuro, tendo por única luz uma lanterna e, de repente, fôssemos introduzidos num vasto e ilimitado espaço ensolarado. A alegria e a clareza dessa experiência faz que todas as tribulações do relacionamento entre o mestre e o discípulo tenham valido a pena. Nunca será demais enfatizar a importância dessa relação. A não ser que os elos com o conhecimento experiencial sejam transmitidos e seguidos nesta geração, vastas reservas de sabedoria ficarão perdidas.

CONFIANDO NO MESTRE INTERIOR

*Em útima análise, o nosso melhor mestre
somos nós mesmos.
Quando estamos abertos, atentos e alertas,
então poderemos nos guiar corretamente.*

Aluno: Como podemos desenvolver a abertura de que necessitamos para descobrir o que é certo para nós como indivíduos? De onde virá o catalisador capaz de acelerar o progresso?

Rinpoche: De ordinário, precisamos de um mestre, mas um mestre não pode saber o que é certo para nós em apenas uma ou duas semanas — o processo é longo e sofisticado. Primeiro, poderá dar-nos diferentes exercícios, pois o mestre precisa conhecer a nossa consciência, o modo como reagem os nossos sentidos. Depois de praticar esses exercícios por algum tempo, descrevemos nossa experiência ao mestre e recebemos instruções privadas. A seguir, tornamos a praticar e tornamos a conferir.

Um mestre qualificado é necessário ao nosso crescimento interior intuitivo, pois algumas coisas são difíceis de aprender sem a orientação de alguém que tenha atingido certos entendimentos e compreensões. Alguns mestres, no entanto, embora saibam muita coisa, não compreendem com profundidade a mente e as experiências de cada um; eles podem conhecer certas coisas a respeito de uma pessoa e, apesar disso, não perceber as distinções mais sutis entre cada consciência individual. As diferenças mais sutis só podem ser vistas por alguém que esteja plenamente realizado.

Há um sistema de diagnóstico mental que pode ser usado pelo mestre para determinar as necessidades específicas de cada aluno. A maneira autêntica de proceder por parte do aluno e do mestre é seguir esse sistema; nos últimos anos, contudo, esse método, que é muito acurado, raras vezes tem sido empregado. As classes, hoje em dia, comumente contêm de cem a duzentos estudantes, mas um professor não pode conhecer prontamente os seus alunos sem um contacto e uma relação recíproca mais estreitos.

Aluno: O senhor acha que é sempre necessário a quem segue um caminho espiritual ter um mestre pessoal?

Rinpoche: É muito difícil generalizar. Algumas pessoas necessitam da orientação de um mestre, mas outras talvez não precisem dela. Quando já não temos ilusão alguma e podemos manobrar sozinhos, por nós mesmos, talvez não precisemos do mestre, mas, enquanto não chega esse momento, devemos ter, pelo menos, amigos espirituais que estejam dispostos a ajudar-nos.

O caminho espiritual tem muitos obstáculos, tais como os nossos diálogos interiores, as nossas emoções, os nossos medos e até os nossos amigos ou famílias. Daí que as boas influências sejam cruciais. Desde que estejamos interessados no caminho espiritual, a associação com os que têm uma natureza semelhante pode ajudar a suportar e a proteger-nos, e pode criar menos confusão para nós. O principiante tem muitos problemas, e por isso lhe é difícil focalizar o caminho sem esse tipo de ajuda. Será ótimo podermos tomar conta de nós mesmos mas, enquanto não o pudermos fazer, é importante escolher um ambiente espiritual e harmonioso que nos apóie. Isso não significa necessariamente que devemos evitar o mundo — senão que devemos proteger-nos até certo ponto. À proporção que desenvolvermos nossa força interior, seremos talvez capazes de cuidar dos outros assim como de nós mesmos. Entretanto, o fato de trabalhar com outras pessoas antes da hora pode levar-nos a perder a força que ganhamos, e pode até fazer-nos mal.

A não ser que aprendamos a proteger-nos, seremos facilmente tentados a recorrer aos nossos padrões antigos e a esquecer o que ganhamos com a prática. Precisamos encorajar-nos e ser fortes. A autodisciplina significa "ação correta" — isto é, fazer o melhor que pudermos por nós mesmos. Se a nossa mente não estiver equilibrada, nossos atos não serão equilibrados, e chegaremos a extremos e criaremos mais frustrações para nós mesmos e para os outros.

Uma das melhores maneiras de disciplinar o nosso ego é ficarmos amigos de nós mesmos. Quando estamos alegres, o ego se acalma e não provoca a frustração e o descontentamento. Temos problemas porque *pensamos* que os temos e, uma vez que *acreditamos* neles, vemo-nos apanhados em situações frustrantes. O conflito ocorre quando não obedecemos à nossa própria voz interior.

Aluno: Há um ponto em que o aluno deve deixar o mestre e continuar por conta própria, antes mesmo que a sua prática esteja completamente desenvolvida?

Rinpoche: Creio que precisamos primeiro que tudo, ser capazes de guiar-nos no mundo sem nos iludir. Aí, então, talvez possamos deixar o mestre. Desde que conheçamos os elementos essenciais e estejamos estabilizados e confiantes, podemos evolver gradativamente e aprender a crescer a partir de quaisquer enganos que tenhamos cometido.

Aluno: Qual a diferença entre devoção e dependência?

Rinpoche: De um ponto de vista intelectual, não se considera a devoção uma virtude muito elevada, visto que a maioria das pessoas não percebe nem compreende os seus benefícios psicológicos. A devoção cria uma compreensividade, bem como uma força ou energia que, mesmo sendo emocional, pode ser usada para desenvolver e ampliar a percepção. Espiritualmente, a devoção é valiosa porque expressa as aspirações e ideais da nossa mente interior; ela cria uma abertura que se perpetua.

Aluno: A emoção, às vezes, é uma força motivadora? Digamos que temos uma chama – se nela soprarmos um pouco de ar, ela arderá melhor. Nesse sentido, a emoção parece ser construtiva.

Rinpoche: Certo. É por isso que, nos sistemas religiosos, se dá tanta importância à devoção. Conquanto se considere, às vezes, a devoção calcada na fé cega e indicativa de falta de inteligência, a devoção e a oração constituem instrumentos muito eficazes e poderosos para gerar níveis mais sutis de atenção e para estabelecer contacto com eles. Através da devoção, a inspiração e os ensinamentos da linhagem são dados a conhecer interiormente ao meditador.

Aluno: Noto que a idéia de um mestre me preocupa. Andei procurando um mestre, e creio que estou à cata de alguém que eu possa adorar ou venerar, alguém que realize todos os meus desejos. O senhor poderia falar-me ainda sobre a função do mestre?

Rinpoche: Várias centenas de anos atrás, o mundo nutria grande respeito pela religião e pela espiritualidade mas, depois que as pessoas receberam uma orientação mais científica, essa atitude modificou-se. Tudo tinha de ser provado intelectual ou cientificamente, e como o conhecimento ou a compreensão obtidos através da intuição ou da fé não são cientificamente predizíveis, a fé e a devoção adquiriram uma conotação de fraqueza. De modo que, nos dias de hoje, uma simples tentativa de devoção nos causa inúmeros conflitos internos. A confiança total em outra pessoa põe em perigo a independência do ego e, quando isso acontece, o relacionamento entre mestre e o aluno pode ser incômodo. Vemos que o mestre é tratado como se fosse em tudo superior ao aluno, e isso violenta as nossas idéias de igualdade. Não vemos valor nisso. Mas se uma pessoa estiver realmente qualificada para ser mestre, ganhamos muito através da fé e da devoção que lhe dedicamos, e nossa confiança não é malcolocada. Um mestre qualificado toma sobre si a responsabilidade de orientar e inspirar nosso crescimento e desenvolvimento interior.

O relacionamento entre mestre e aluno apóia-se na entrega e na confiança mútuas. A natureza desse relacionamento depende muitíssimo de nós. Se, ao seguir um mestre, cuidarmos que estamos sendo manipulados, ou que estamos fazendo papel de bobos, ou que o mestre está brincando conosco, a nossa devoção talvez não seja muito salutar, visto que o nosso crescimento espiritual depende da abertura e da sinceridade. Desejamos orientação, mas não queremos que nos digam o que devemos fazer — pois isso ameaça o nosso ego. Não gostamos de estar numa situação em que outra pessoa parece saber mais do que nós. Queremos ter a sensação de que estamos aprendendo sozinhos, de modo que certas informações ou conselhos que o mestre nos dá, especialmente quando contrariam os nossos desejos, podem causar ressentimento contra o mestre, e podemos até sentir-nos inclinados a romper o nosso relacionamento com ele. Mas se, em razão de alguma relutância em enfrentar-nos francamente, rompermos o relacionamento de confiança e de entrega, poderá tornar-se muito difícil realizar um progresso espiritual.

Alguns alunos têm grande respeito pelos ensinamentos, mas já não têm o mesmo respeito pelo mestre. Importa, porém, reconhecer o mestre e os ensinamentos com uma coisa só. Um aluno pode desejar *tentar* seguir um mestre, e até assumir um compromisso para ver se isso funciona, mas essa atitude não constitui base suficiente para encetar um relacionamento sério. Pode fazer que tanto um quanto o outro percam um tempo precioso. Portanto, é importante assumir um compromisso sincero com o mestre, baseado na confiança e no respeito mútuos.

Num nível externo, o mestre possui a inspiração de toda uma linhagem de mestres passados, e essa compreensão é transmitida diretamente ao aluno. A idéia de "transmissão" é como um bloco de impressão — depois que talharmos uma impressão no bloco este imprimirá sempre a mesma coisa. Essa transmissão tem o poder de carregar-nos com uma espécie de eletricidade, de modo que nos tornamos como a "luz" e, através dela, descobrimos que nós mesmos *somos* a linhagem. À maneira que o mestre transmite os ensinamentos ao aluno, este cresce na imagem do mestre, até se tornar mestre também.

Num nível mais interno, "mestre" significa "atenção interior", nossa própria natureza intrínseca. Nosso conhecimento, compreensão e experiência diária também podem ser chamados nossos mestres — mas nem estes prescindem da proteção e da inspiração do "verdadeiro" mestre. Se o nosso coração se abrir, a nossa devoção e compaixão se desenvolverão até se transformar numa profunda serenidade. Ao mesmo tempo, o mestre pode ser simplesmente um símbolo da energia positiva liberada, quando desaparecem os obstáculos e se desdobra automaticamente uma rica experiência interior.

Por causa do nosso sentido de verdade interior podemos ansiar por um mestre que nos dê a compreensão da verdade final, mas talvez seja difícil encontrar alguém que nunca cometa erros, ou talvez esse alguém não esteja disponível. Podemos acabar profundamente decepcionados.

Por isso mesmo, devemos primeiro deixar que as nossas expectativas se vão. Assim que nos abrirmos, poderemos reconhecer mais prontamente as qualidades positivas do mestre; e essas qualidades se desdobram dentro daquele espaço aberto, dentro da nossa consciência. Assim sendo, o estar quebrado ou imperfeito o instrumento externo de transmissão realmente não tem importância. Ainda podemos receber uma experiência significativa trabalhando com o citado instrumento. Depois que tivermos desenvolvido a atenção dentro de nós mesmos, tudo em nosso relacionamento com o mestre parecerá apropriado.

Talvez o mestre seja apenas um catalisador, alguém que aponte o caminho, nos guie e até nos empurre para concebermos nossa verdadeira natureza. O relacionamento com o mestre torna-se, então, a situação total através da qual crescemos.

Essencialmente, o mestre é um bom amigo, alguém que pode guiar-nos e ajudar-nos a sair de situações perturbadoras. Nesse sentido, toda pessoa e toda situação podem ser nosso mestre, amigo e guia, ainda que tenhamos, às vezes, de palmilhar um solo muito penoso e pouco atraente.

Existe um outro aspecto que pode estar envolvido aqui. Assim como o mundo se compõe de água em sua maior parte, o ser humano, em sua maior parte, é emocional, e essa qualidade emocional sente a necessidade de ser alimentada com alegria ou amor. Há um imenso anseio de fazer contacto com outros ou de ligar-se a eles. Precisamos de apoio, precisamos ser satisfeitos, mas muitas vezes não podemos confiar em amigos ou amantes, na sociedade ou mesmo em nossos pais. Não há ninguém tão próximo de nós que realmente nos satisfaça. Podemos ter amigos e parentes e ser bem-sucedidos nos negócios mas, ainda assim, não estar satisfeitos dentro de nós mesmos — porque estamos sós. Ansiamos pela realização do nossos desejos e esse próprio anseio cria um sabor emocional que afeta o que quer que façamos. Assim é que se constroem a frustração e a amargura. Quando deixamos de querer alcançar alguma coisa fora de nós em busca de satisfação, gradualmente nossos desejos começam a aquietar-se e nós nos sentimos menos exasperados pelos nossso anseios.

Quando somos muito sensíveis, os "amores" transitórios e egoístas deixam de satisfazer-nos; precisamos encontrar alguém em quem possamos realmente confiar, alguém que possamos amar sem medo de rejeição. Então poderemos ser livres para agir através da nossa própria compreensão, dos nossos corações abertos, das nossas energias despertadas. Nesse sentido,

143

o mestre é um espelho do nosso ser superior. Ele ativa a nossa fonte de conhecimentos interiores e o nosso sentido de completo preenchimento. Quando temos o coração aberto, a "experiência despertada" surge dentro de nós – e nós o saberemos, inequivocamente.

Aluno: Como mestre, de que maneira o senhor pode ajudar-nos a desenvolver a nossa meditação depois de aprendermos a meditar corretamente?
Rinpoche: Primeiro que tudo, o mestre indica certos passos na prática e estimula o aluno a segui-los, de modo que este venha a ter, gradativamente, a mesma experiência que tem o mestre. Essa é a maneira tradicional. Por conhecer bem a área, o mestre pode explicar o mapa e dirigir o aluno. A reponsabilidade do aluno consiste em seguir exatamente o mapa. Quando não o faz, a experiência ou a compreensão não virão.

Algumas pessoas podem entrar em contacto direto com o estado de meditação. Estão prontas para aceitar as instruções do mestre. Mas outras são incapazes de seguir instruções, ou talvez o seu desejo de estabelecer contacto com esse estado não é suficientemente forte, de modo que, ainda que leiam livros sobre meditação e pratiquem todos os dias, mesmo assim não conseguem meditar. Quando podemos seguir as instruções do mestre, podemos vê-las como uma espécie de transmissão cujo magnetismo nos ajuda a compreender. Podemos ver que todas as idéias e teorias são meros veículos ou instrumentos para ajudar a compreensão. Quando essa própria compreensão se torna iluminada e silenciosa, já não há necessidade de perguntar nem de responder.

Há momentos ou dias em que estamos naturalmente em estado de meditação, e, nesse caso, não há problemas – a meditação vem simplesmente. Podemos, então, meditar bem e a própria meditação toma conta de nós e torna-se nosso mestre. Finalmente, nosso melhor mestre somos nós mesmos. Quando estamos abertos, atentos e alertas, podemos guiar-nos corretamente.

Leia também

A ARTE CAVALHEIRESCA DO ARQUEIRO ZEN

Eugen Herrigel

"Sentei-me numa almofada, diante do mestre que, em silêncio, me ofereceu chá. Permanecemos assim durante longos momentos. O único ruído que se ouvia era o do vapor da água fervendo na chaleira. Por fim, o mestre se levantou e fez sinal para que eu o acompanhasse. O local dos exercícios estava feericamente iluminado. O mestre me pediu para fixar uma haste de incenso, longa e delgada como uma agulha de tricotar, na areia diante do alvo. Porém, o local onde ele se encontrava não estava iluminado pelas lâmpadas elétricas, mas pela pálida incandescência da vela delgada, que lhe mostrava apenas os contornos. O mestre *dançou* a cerimônia. Sua primeira flecha partiu da intensa claridade em direção da noite profunda. Pelo ruído do impacto, percebi que atingira o alvo, o que também ocorreu com o segundo tiro. Quando acendi a lâmpada que iluminava o alvo constatei, estupefacto, que não só a primeira flecha acertara o centro do alvo, como a segunda também o havia atingido, tão rente à primeira, que lhe cortara um pedaço, no sentido do comprimento."

Trazendo o fantástico para o nível do real, esta é uma página deste livro surpreendente, no qual o filósofo alemão Eugen Herrigel conta a sua extraordinária experiência como discípulo de um mestre Zen, com quem aprendeu a arte de atirar com arco, durante os anos em que viveu no Japão como professor da Universidade de Tohoku.

Sem dúvida — como afirma na introdução o professor D. T. Suzuki — um livro maravilhoso que, graças à limpidez de seu estilo, ajudará o leitor do Ocidente a "penetrar na essência dessa experiência oriental, até agora tão pouco acessível aos ocidentais".

EDITORA PENSAMENTO